Französische Grundgrammatik

für Schule
und Weiterbildung

von
Hans-Wilhelm Klein und Hartmut Kleineidam

Ernst Klett Verlag

Inhalt

Kapitel 1: Einführung

Kommunikation, Text, Satz §1

Sprechen und Schreiben sowie verstehendes Hören und Lesen sind besondere Formen menschlichen Handelns. Wenn wir sprechen oder schreiben, bringen wir nicht nur Laute hervor oder reihen Buchstaben aneinander. Die Laut- und Buchstabenfolgen haben vielmehr eine Bedeutung. Mit ihnen beziehen wir uns auf Gegenstände und Sachverhalte. Dabei verfolgen wir die Absicht, einem anderen etwas mitzuteilen. Sprachliches Handeln zeichnet sich also dadurch aus, daß es **kommunikatives Handeln** ist.

Sprachliche **Kommunikation** vollzieht sich in einer gegebenen Situation im Hervorbringen und Verstehen von **Texten.**
Texte können verschiedene Länge haben. Sie können ein Einzelwort oder eine Wortfolge sein: *Allô!* (am Telefon), *Allez!* (Los! Ran!), *Au secours!* (Hilfe!);
in der Regel bestehen sie aber aus einer Folge von gesprochenen oder geschriebenen **Sätzen.**

Texte lassen sich also meist in Sätze unterteilen. Das, was man mit einem Satz in einer gegebenen Situation meint, d. h. seine **kommunikative Rolle,** ergibt sich nicht aus dem jeweiligen Einzelsatz allein, sondern aus dem **Gesamtzusammenhang** der Äußerung. Dieser wird gebildet von der **außersprachlichen Situation** und dem **sprachlichen Zusammenhang,** in dem ein Satz steht.
Das folgende Beispiel macht die kommunikative Rolle eines Satzes in einem bestimmten Äusserungszusammenhang klar: Ein Aussagesatz wie *Il y a une fenêtre qui est ouverte.* (Da ist ein Fenster offen.) kann je nach der Situation, in der er geäußert wird, **unterschiedliche kommunikative Rollen** haben, z. B.

Situation		**Kommunikative Rolle**
1. Personen in einem Raum, in dem es zieht.	→	**Aufforderung,** das Fenster zu schließen.
2. Personen in einem Raum mit schlechter Luft.	→	**Feststellung,** daß der Raum bereits gelüftet wird.
3. Einbrecher vor einem Haus.	→	**Vorschlag,** durch ein bestimmtes Fenster einzusteigen.

In einer konkreten Situation kommen häufig auch unvollständige Sätze vor. So ist in einer Unterhaltung wie *Vous prenez quel pullover, mademoiselle? — Le rouge.* der unvollständige Satz *Le rouge.* als Antwort einer Käuferin auf die vorausgehende Frage des Verkäufers durchaus üblich. Solche unvollständigen Sätze sind vor allem in der gesprochenen Sprache häufig. Diese Sätze können aber grundsätzlich auf vollständige Sätze zurückgeführt werden *(Je prends le pullover rouge).* Ziel dieser Grammatik ist die Darstellung von Regeln, mit denen vollständige, grammatisch korrekte französische Sätze gebildet werden können.

Satzarten und Satzformen §2

Vergleichen wir die folgenden Äußerungen, so stellen wir fest, daß sie verschiedenen **Satzarten** angehören.

Äußerung		**Satzart**
1. Je rentre de bonne heure.	→	**Aussagesatz** *(phrase déclarative)*
2. Tu rentres de bonne heure? Est-ce que tu rentres de bonne heure?	→	**Fragesatz** *(phrase interrogative)*
3. Rentre de bonne heure!	→	**Aufforderungssatz** *(phrase impérative)*
4. Comme tu rentres de bonne heure!	→	**Ausrufesatz** *(phrase exclamative)*

Die verschiedenen Satzarten unterscheiden sich in der gesprochenen Sprache — wie im Deutschen — durch ihre jeweilige Intonation oder Satzmelodie, in der geschriebenen Sprache durch Satzzeichen (z. B. Punkt, Frage- oder Ausrufezeichen). Die Satzarten unterscheiden sich zumeist auch durch Anzahl und Abfolge der Wörter.

Vergleiche:

	Je	rentre	de bonne heure	.
Est-ce que	tu	rentres	de bonne heure	?
		Rentre	de bonne heure	!

Neben den Satzarten unterscheiden wir **Satzformen.** Ein gegebener Satz gehört immer nur einer **einzigen** Satzart an, er weist aber gleichzeitig **mehrere** Satzformen auf. Jeder Satz ist gleichzeitig

bejahend		aktiv		neutral
oder	und	oder	und	oder
verneinend		passiv		hervorhebend.

Ein Satz wie *Jean est arrivé.* ist bejahend, aktiv und **neutral,** in der Fassung *C'est Jean qui est arrivé.* ist er bejahend, aktiv und **hervorhebend.** (*Jean* wird hervorgehoben.)

Die folgenden Beispiele verdeutlichen einige Kombinationsmöglichkeiten der Satzformen:

Satzart: Aussage	**Satzformen**				
Le feu a détruit cette maison.	bejahend	+	aktiv	+	neutral
Cette maison a été détruite par le feu.	bejahend	+	passiv	+	neutral
Cette maison n'a pas été détruite par le feu.	verneinend	+	passiv	+	neutral
C'est le feu qui a détruit cette maison.	bejahend	+	aktiv	+	hervorhebend

Satz und Satzglieder §3

Im folgenden gehen wir von einem bestimmten Satztyp aus: dem Aussagesatz in bejahender, aktiver, neutraler Satzform. Wir stellen uns die Frage nach seinem Aufbau.
Der Satz ist nicht einfach eine lose Aneinanderreihung von Einzelwörtern, er besteht vielmehr aus Gruppen von eng zusammengehörenden Wörtern.
Diese Gliederung in Wortgruppen wird deutlich, wenn man einen Satz in seine **unmittelbaren Bestandteile** zerlegt.
So kann man z. B. bei einer ersten Teilung des Satzes *Les enfants attendent l'autobus.* die Wortgruppen *les enfants* einerseits und *attendent l'autobus* andererseits als die unmittelbaren Bestandteile des Satzes bezeichnen.

Les enfants attendent l'autobus.	
Les enfants	attendent l'autobus.

Solche Wortgruppen unterhalb der Satzebene nennen wir **Satzglieder** *(syntagmes).*
Wir unterscheiden das **nominale Satzglied** *les enfants,* in dem ein Nomen als wichtigstes Wort vorkommt, und das **verbale Satzglied** *attendent l'autobus* mit einem Verb als wichtigstem Wort. Neben dem nominalen Satzglied und dem verbalen Satzglied kann ein Satz ein oder auch mehrere weitere Satzglieder als unmittelbare Bestandteile aufweisen. In dem folgenden Beispiel handelt es sich dabei um ein **präpositionales Satzglied,** d. h. ein nominales Satzglied, das von einer Präposition eingeleitet wird.

Satz:	Les enfants attendent l'autobus au coin de la rue.		
Unmittelbare Bestandteile:	Les enfants	attendent l'autobus	au coin de la rue.
Satzglieder:	**Nominales Satzglied**	**Verbales Satzglied**	**Präpositionales Satzglied**

Satzglieder brauchen nicht **unmittelbare** Bestandteile des **Satzes** zu sein. Sie können ihrerseits Bestandteile anderer Satzglieder darstellen. So ist *l'autobus* in dem genannten Beispiel kein unmittelbarer Bestandteil des Satzes, sondern des verbalen Satzgliedes *attendent l'autobus.*

Die Satzglieder nehmen im Satz meist bestimmte **Funktionen** wahr:

- Ist ein **nominales Satzglied** unmittelbarer Bestandteil des **Satzes,** so hat es die Funktion eines **Subjektes.**
- Ist ein **nominales Satzglied** unmittelbarer Bestandteil eines **verbalen Satzgliedes,** so hat es die Funktion eines **Objektes.**
- Ist ein **präpositionales Satzglied** unmittelbarer Bestandteil des **Satzes,** so hat es die Funktion einer **adverbialen Bestimmung.**

Diese Einteilung verdeutlicht folgendes Schema:

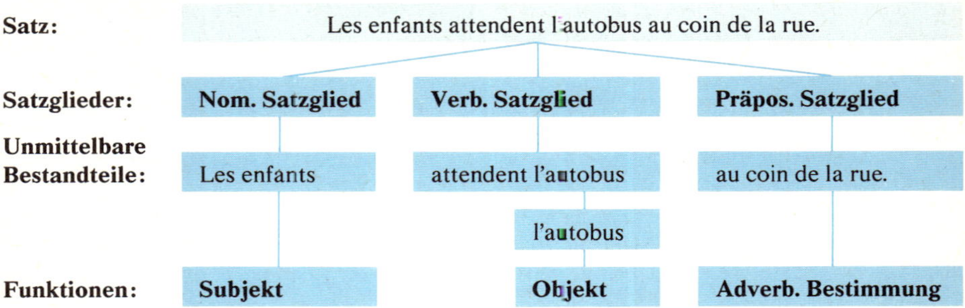

Wortarten §4

Satzglieder sind Konstruktionen unterhalb der Satz-, aber zumeist oberhalb der Wortebene. Zerlegt man die Satzglieder weiter in ihre Bestandteile, so gelangt man bis hinunter zu den einzelnen **Wörtern.** Wörter lassen sich **Wortarten** zuordnen. Zu der gleichen Wortart gehören solche Wörter, die in einem gegebenen Satzrahmen austauschbar sind, z. B.

Begleiter	**Nomen**	**Verb**	
Les	enfants	attendent	le train.
Ces	élèves	prennent	l'autobus.
Plusieurs	touristes	regardent	le bateau.

Die Wörter *attendent, prennent, regardent* gehören zu der Wortart der **Verben;** *enfants, élèves, touristes* zu der Wortart der **Nomen** und *les, ces, plusieurs* zu der Wortart der **Begleiter.**
Neben Nomen, Verben und Begleitern gibt es noch folgende Wortarten:
- **Adjektive:** *grand, petit, joli,* etc.
- **Adverbien:** *toujours, rarement, là-bas,* etc.
- **Pronomen:** *il, qui, en,* etc.
- **Präpositionen:** *à, de, dans, sur,* etc.
- **Konjunktionen:** *et, ou, quand, si,* etc.

Die Struktur des verbalen Satzgliedes §5

Die Struktur des verbalen Satzgliedes ist davon abhängig, welche Ergänzungen das jeweilige Verb haben kann.

Nicole	travaille.		
Jean	aime	son frère.	
Paul	pense		à son frère.
Pierre	va		au bord de la mer.
Brigitte	donne	le livre	à son frère.
	Verb	**Nom. Satzglied = dir. Objekt**	**Präpos. Satzglied = indir. Objekt / adverb. Bestimmung**

Ein nominales Satzglied, das unmittelbarer Bestandteil eines verbalen Satzgliedes ist, hat die Funktion eines **direkten Objekts** *son frère* (vgl. § 3); ein präpositionales Satzglied als unmittelbarer Bestandteil eines verbalen Satzgliedes hat die Funktion eines **indirekten Objektes** *à son frère* oder einer **adverbialen Bestimmung** *au bord de la mer.*

Verben, die ein direktes Objekt oder ein indirektes Objekt haben können, werden im Französischen **transitive Verben** genannt. Verben, die kein Objekt haben können, sind **intransitive Verben.**

Die Eigenschaft des Verbs, Ergänzungen an sich zu binden, heißt seine **Wertigkeit.** Der Begriff der Wertigkeit ist aus der Chemie entlehnt. So wie das Atom eines Elements gemäß seiner Wertigkeit eine oder mehrere Verbindungen mit anderen Elementen eingehen kann, so können die französischen Verben Ergänzungen an sich binden. Der Begriff der Wertigkeit gestattet, die französischen Verben nach der Anzahl ihrer notwendigen und möglichen Ergänzungen zu unterteilen.
Zu den Ergänzungen, die die Wertigkeit ausmachen, gehört neben den Elementen des verbalen Satzgliedes auch das Subjekt des Satzes.
Je nach der Anzahl der Subjekt- und Objektergänzungen werden in dieser Grammatik verschiedene **Wertigkeitsstufen** unterschieden (vgl. § 98).

Die Struktur des nominalen Satzgliedes § 6

Wie das verbale Satzglied weist das nominale Satzglied unterschiedliche Grundstrukturen auf.

Jean Il	aime	Jacqueline. sa femme. le vin.

Das nominale Satzglied kann bestehen aus:
- **Eigenname** *Jean, Jacqueline;*
- **Begleiter + Nomen** *sa femme, le vin;*
- **Pronomen** *il.*

Das nominale Satzglied kann in verschiedener Weise erweitert werden.

Vergleiche:

	sa	vieille	voiture.	
Mon amie aime	la	vieille	voiture	qu'elle a achetée il y a dix ans.
	la		vie	à la campagne.

In diesen Beispielen besteht das nominale Satzglied aus:
- **Begleiter + Adjektiv + Nomen;**
- **Begleiter + Adjektiv + Nomen + Relativsatz;**
- **Begleiter + Nomen + Präpositionales Satzglied.**

Mündliches und schriftliches Französisch §7

Die Unterscheidung zwischen mündlichem und schriftlichem Französisch ist wichtig. Dabei muß man zwei Dinge beachten:

1. Im Französischen ergibt sich für das grammatische **Aussehen** eines Textes ein Unterschied, je nachdem ob man ihn spricht oder schreibt. So werden z. B. eine Reihe von grammatischen Endungen nur geschrieben, hörbar sind sie nicht. Wir wollen in diesem Fall vom Unterschied zwischen **Schriftbild** und **Lautbild** reden.

Betrachten wir die unterschiedliche Pluralkennzeichnung in einem Beispielsatz:
Voilà les coureurs qui arrivent.

Pluralmarkierung im **Schriftbild:**	Voilà le**s** coureur**s** qui arriv**ent**.	Der Plural ist durch **drei** Merkmale gekennzeichnet.
	+ + +	

Pluralmarkierung im **Lautbild:**	[vwalalekurœrkiariv]	Der Plural ist durch **ein** Merkmal gekennzeichnet.
	+	

2. Im Französischen ergibt sich für die **Wahl** der Formen und Wörter ein Unterschied, je nachdem ob man sich einem Partner mündlich (z. B. im Gespräch) oder schriftlich (z. B. im Brief) mitteilen will.

Wir wollen in diesen Fällen vom Unterschied zwischen **geschriebener Sprache** und **gesprochener Sprache** reden.

Bei der gesprochenen Sprache erklärt die Situation vieles mit; man spricht spontaner und unvorbereiteter als man schreibt. Das erklärt die häufig vorkommenden verkürzten (vgl. § 1) oder grammatisch unkorrekten Sätze in der gesprochenen Sprache.

Es gibt im Französischen eine Reihe von grammatischen Formen, die in ihrer Verwendung meist eindeutig auf die geschriebene Sprache oder auf die gesprochene Sprache festgelegt sind:

Geschriebene Sprache: Ce n'est pas possible.
Gesprochene Sprache: [sɛpapɔsibl]

Die gültige Form der Verneinung in der geschriebenen Sprache ist *ne ... pas,* der Normalfall in der gesprochenen Sprache nur *pas* [pa].

Natürlich kann auch der Fall eintreten, daß man bei mündlicher Mitteilung sich der geschriebenen Sprache bedient, z. B. [sənɛpapɔsibl] sagt (vgl. „Schriftdeutsch reden"), oder daß ein Autor in einem Dialog gesprochene Sprache „niederschreibt", z. B. «c'est pas possible».

Kapitel 2: Das Nomen (Le nom) §8

Das französische Nomen kann **männlich** oder **weiblich** sein.
Es steht – wie im Deutschen – in der **Einzahl** oder in der **Mehrzahl.**

un	étudiant	**ein**	Student	**les** étudiants	**die** Studen**ten**
une étudiant**e**		**eine**	Student**in**	**les** étudiant**es**	**die** Student**innen.**

Das französische Nomen ist also nach **Geschlecht** (Genus, *le genre*) und **Zahl** (Numerus, *le nombre*) bestimmt.

In der Regel steht das Nomen mit einem **Begleiter** (Determinante, *le déterminant),* z. B. mit einem Artikel (vgl. § 17) oder einem Demonstrativbegleiter (vgl. § 30). Besonders im Lautbild erfolgt die Kennzeichnung von Geschlecht und Zahl der Nomen vielfach nur durch die Begleiter. **Vergleiche:**

	Schriftbild	Lautbild		Schriftbild	Lautbild
Singular: **Plural:**	**l'** étudiant **ces** étudiants	[letydjɑ̃] [sezetydjɑ̃]	**maskulin:** **feminin:**	**le** concierge **cette** concierge	[ləkõsjɛrʒ] [sɛtkõsjɛrʒ]

Abweichend vom Deutschen ist das Nomen im Französischen nicht nach Fällen (Kasus) bestimmt. Es gibt also **keine Beugung** (Deklination).

Vergleiche:	**Ce nom** est rare. Dies**er** Name ist selten.	Je ne connais pas **ce nom.** Ich kenne dies**en** Name**n** nicht.

Maskulinum und Femininum §9
(Le genre masculin et le genre féminin)

Das Französische hat zwei Geschlechter: **Maskulinum** (männliches Geschlecht) und **Femininum** (weibliches Geschlecht). Abweichend vom Deutschen gibt es im Französischen **kein Neutrum** (sächliches Geschlecht).
Bei Bezeichnungen für Personen *(un homme, une femme)* und für viele Tiere *(le chien, la chienne)* entspricht das **grammatische Geschlecht** dem **natürlichen Geschlecht.**
Bei allen anderen Nomen haben Maskulinum und Femininum keine inhaltliche Bedeutung.

Maskulinum und Femininum als Kennzeichen des natürlichen Geschlechts

1. Das Geschlecht wird in **Schriftbild und Lautbild** durch **unterschiedliche Endungen** und zusätzlich durch den **Begleiter** gekennzeichnet.

Maskulinum			**Femininum**		
-ain	[-ɛ̃]	un Améric**ain**, un Mexic**ain**, le cop**ain**	**-aine**	[-ɛn]	une Améric**aine**, une Mexic**aine** **Aber: la copine**
-an	[-ɑ̃]	le pays**an**	**-anne**	[-an]	la pays**anne**
-ant	[-ɑ̃]	un assist**ant**, le commerç**ant**	**-ante**	[-ɑ̃t]	une assist**ante**, la commerç**ante**
-ien	[-jɛ̃]	le collég**ien**, le gard**ien**, un Autrich**ien**	**-ienne**	[-jɛn]	la collég**ienne**, la gard**ienne**, une Autrich**ienne**
-er	[-e]	le boulang**er**, un ouvri**er** un hôteli**er**, un étrang**er**,	**-ère**	[-ɛr]	la boulang**ère**, une ouvri**ère** une hôteli**ère**, une étrang**ère**
-eur	[-œr]	le vend**eur**, le vol**eur**, un ingéni**eur**	**-euse**	[-øz]	la vend**euse**, la vol**euse** **Aber:** une femme ingénieur
-teur	[-tœr]	le direc**teur**, le moni**teur**	**-trice**	[-tris]	la direc**trice**, la moni**trice**
-on	[-ɔ̃]	le champi**on**, le patr**on**	**-onne**	[-ɔn]	la champi**onne**, la patr**onne**
—	—	le nègre, le prince	**-esse**	[-ɛs]	la négr**esse**, la princ**esse**

2. Das Geschlecht wird bei den meisten **Verwandtschaftsbezeichnungen** und bei einigen **Tiernamen** durch **verschiedene Wortstämme** und zusätzlich durch den **Begleiter** gekennzeichnet.

l' homme – la femme	le fils – la fille	le père – la mère
le frère – la sœur	l' oncle – la tante	le bœuf – la vache
le neveu – la nièce	le garçon – la fille	le coq – la poule

Aber: le chat — la chatte, le chien — la chienne.

3. Das Geschlecht wird **im Schriftbild** durch **nicht hörbares End-e** und durch den **Begleiter** gekennzeichnet, **im Lautbild** nur durch den **Begleiter.**

un ami	[ɛ̃nami]	un employé	[ɛ̃nɑ̃plwaje]	un invité	[ɛ̃nɛ̃vite]
une ami**e**	[ynami]	une employé**e**	[ynɑ̃plwaje]	une invité**e**	[ynɛ̃vite]

4. Bei einigen **Personennamen** werden Maskulinum und Femininum in Lautbild und Schriftbild **nur** durch die **Begleiter** gekennzeichnet.

un élève	**le** camarade	**le** concierge	**le** Belge
une élève	**la** camarade	**la** concierge	**la** Belge

5. Bei einer Reihe von **Berufsbezeichnungen** wird die **männliche Form** für **beide Geschlechter** verwendet.

Mme Legrand est **un** très bon **professeur.** J'ai **une amie** qui est **médecin.** **Le ministre** de la santé est **une femme.**	**Ebenso:** un ingénieur un architecte un auteur

Beachte:
Ist der Zusammenhang nicht eindeutig, so kann das Femininum durch das Wort *femme* hervorgehoben werden.

Il y a aujourd'hui plus de **femmes ingénieurs** qu'autrefois.

Maskulinum und Femininum als Kennzeichen des grammatischen Geschlechts §11

Bei den meisten französischen Nomen hat die Geschlechtsunterscheidung ausschließlich eine grammatische Funktion. Allgemeingültige Regeln für die Erkennbarkeit des grammatischen Geschlechts nach **Form** oder **Bedeutung** des Nomens gibt es nicht. Man muß sich jedes Nomen sofort mit seinem grammatischen Geschlecht (Artikel als Kennzeichen) einprägen. Die Unterschiede im grammatischen Geschlecht bei folgenden lautlich ähnlichen Wörtern des Deutschen und des Französischen sind besonders zu beachten:

le banc	die Bank	le groupe	die Gruppe	une auto	ein Auto
le chocolat	die Schokolade	le million	die Million	la danse	der Tanz
le contrôle	die Kontrolle	le numéro	die Nummer	la date	das Datum
le courage	die Courage	un opéra	eine Oper	la place	der Platz
un étage	eine Etage	le parti	die Partei	la radio	das Radio
le garage	die Garage	le passage	die Passage	la salade	der Salat
le geste	die Geste	le rôle	die Rolle	la salle	der Saal

Beachte:
In einigen Fällen gestatten die **Endungen** die Bestimmung des Geschlechts.

1. Endungen männlicher Nomen

-age	le cour**age**, le vis**age**, le voy**age** **Aber: une** image, **la** plage, **la** page
-al	un anim**al**, le chev**al**, le sign**al**
-eau	le bur**eau**, le rid**eau**, le tabl**eau**
-ent	un ag**ent**, l'arg**ent**, le tal**ent**
-isme	le romant**isme**, le pacif**isme**
-ment	le loge**ment**, le développe**ment**
-oir	le mir**oir**, le tir**oir**

2. Endungen weiblicher Nomen

-ance	la connaiss**ance**, la correspond**ance**
-ence	la concurr**ence**, la différ**ence**
-erie	la bouch**erie**, la boulang**erie**
-esse	une hôt**esse**, la polit**esse**
-ise	la marchand**ise**, la surpr**ise**
-sion	la conclu**sion**, la déci**sion**
-tion	l'atten**tion**, la conversa**tion**
-ité	l'ident**ité**, la national**ité**
-tié	une ami**tié**, la moi**tié**, la pi**tié**

Singular und Plural (Le singulier et le pluriel) § 12

Der Plural der Nomen wird im Schriftbild und im Lautbild unterschiedlich gekennzeichnet.

Regelmäßige Pluralbildung § 13

1.	**Singular**		**Plural**		
Laut-bild	[lə	livr]	[le	livr]	**Im Lautbild** werden Singular und Plural nur **vom Begleiter** (hier Artikel) gekennzeichnet. Vor Vokal ist die **Bindung** ein weiteres Pluralkennzeichen.
	[la	fam]	[le	fam]	
	[ɛ̃n‿	ami]	[dez‿	ami]	
	[yn	tabl]	[de	tabl]	

2.	**Singular**		**Plural**		
Schrift-bild	**le**	livre	**les**	livres	**Im Schriftbild** erhält das Nomen im **Plural** zusätzlich ein *-s*.
	la	femme	**les**	femmes	
	un	ami	**des**	amis	
	une	table	**des**	tables	

Beachte:
Nomen, die mit *-s*, *-x*, *-z* enden, werden auch im Schriftbild nicht verändert, z. B.
un **cours** — des **cours**, un **prix** — des **prix,** un **nez** — des **nez.**

Unregelmäßige Pluralbildung § 14

1. Im Schriftbild und im Lautbild

Singular		**Plural**		**Vergleiche:**	
-al [-al]	le cheval	**-aux** [-o]	les chevaux	**ma**demoiselle	– **mes**demoiselles
	le journal		les journaux	**ma**dame	– **mes**dames
	le **mal**		les **maux**	un **mon**sieur	– des **messieurs**
	le **bal**		**Aber:** les **bals**	[ɛ̃məsjø]	– [demesjø]
-ail [-aj]	le travail	**-aux** [-o]	les travaux	un **œil**	– des **yeux**
	le vitrail		les vitraux	[ɛ̃nœj]	– [dezjø]
	le détail		**Aber:** les détails		

2. Im Schriftbild

Singular		**Plural**		**Beachte:** Die meisten Nomen auf *-ou* bilden den Plural auf *-s:*
-au	le tuy**au**	-aux	les tuy**aux**	le cl**ou** — les clou**s**
-eau	le mant**eau**	-eaux	les mant**eaux**	le f**ou** — les fou**s**.
	le bur**eau**		les bur**eaux**	
-eu	le j**eu**	-eux	les j**eux**	**Aber:** le bij**ou** — les bij**oux**
	le chev**eu**		les chev**eux**	le ch**ou** — les ch**oux**
	le pn**eu**		**Aber:** les pneus	le gen**ou** — les gen**oux**.

3. Im Lautbild

Singular		**Plural**	
[ɛ̃nœf]	un œuf	[dezø]	des œufs
[ləbœf]	le bœuf	[lebø]	les bœufs

Der Plural zusammengesetzter Nomen § 15

1. le passeport l' autoroute l' aéroport	les passeport**s** les autoroute**s** les aéroport**s**	**Ein Wort:** Plural-s am Ende.
2. le chef-lieu le wagon-lit	les chef**s**-lieu**x** les wagon**s**-lit**s**	**Nomen + Nomen** (Bindestrich): beide Elemente im Plural.
3. une auberge de jeunesse une hôtesse de l'air une brosse à dents une glace à la vanille un appareil photo un modèle sport	des auberge**s** de jeunesse des hôtesse**s** de l'air des brosse**s** à dents des glace**s** à la vanille des appareil**s** photo des modèle**s** sport	**Nomen + Nomen** als Ergänzung (meist Präposition): nur erstes Element mit zusätzlichem Pluralzeichen. **Vergleiche:** des machines **à** écrire.
4. un haut-parleur un après-midi un porte-monnaie un lave-vaisselle	des **haut**-parleur**s** des **après**-midi des **porte**-monnaie des **lave**-vaisselle	**Adv. / Präp. / Verb + Nomen:** Adverb, Präposition, Verb sind unveränderlich.

Beachte: Diese Regeln sind nur für das Schriftbild wichtig.

Kapitel 3: Die Begleiter (Les déterminants) § 16

Das französische Nomen kann nicht allein ein nominales Satzglied bilden.
Mit Ausnahme der Eigennamen und einiger fester Wendungen benötigt es Begleiter, die sein Funktionieren im Satz ermöglichen.
Das nominale Satzglied **muß** mindestens einen der folgenden Begleiter enthalten.
Es sind zu unterscheiden:

- die **Artikel** (*le, la, les,* etc.);
- die **Demonstrativbegleiter** *(ce, cet, cette, ces);*
- die **Possessivbegleiter** (*mon, ma, mes,* etc.);
- die **Interrogativbegleiter** (*quel, quelle, quels,* etc.);
- die **indefiniten Begleiter** (*quelques, certains,* etc.);
- die **Grundzahlen** (*deux, trois,* etc.).

Die Begleiter stehen immer **vor** dem Nomen.

Das nominale Satzglied **kann** durch weitere Wörter ergänzt werden.
Dazu gehören vor allem die Adjektive (z. B. une **belle** fille, un livre **intéressant**). Vergleiche die Adjektive Kap. 5.
Die Begleiter kennzeichnen das **Nomen als Wortart.** Jedes Wort mit einem Begleiter gehört also zur Wortart der Nomen. Mit Hilfe der Begleiter können in bestimmten Fällen Wörter aus jeder beliebigen Wortart in Nomen verwandelt werden.
Vergleiche:

Adjektiv:	cher	lieb	+ *mon*	**Nomen:**	**mon**	cher	**mein** Lieber
Verb:	rire	lachen	+ *ce*	**Nomen:**	**ce**	rire	**dieses** Lachen
Adverb:	mal	schlecht / böse	+ *le*	**Nomen:**	**le**	mal	**das** Böse

Die Begleiter kennzeichnen immer die **Zahl,** meist auch das **Geschlecht** der Nomen.

Die Artikel (Les articles) § 17

Das System der französischen Artikel besteht aus
dem **bestimmten Artikel** *(l'article défini) le, la, les,*
dem **unbestimmten Artikel** *(l'article indéfini) un, une, des*
und — abweichend vom Deutschen — dem **Partitiv,** auch Teilungsartikel genannt, *(l'article partitif) du, de la.*
Der Artikel kennzeichnet **Geschlecht** und **Zahl** des Nomens, vor dem er steht.

Geschlecht: Im Französischen gibt es — abweichend vom Deutschen — **keinen sächlichen Artikel.**

Zahl: Im Französischen gibt es — abweichend vom Deutschen — auch für den **unbestimmten Artikel** eine **Pluralform** *(des).*
Der **Partitiv** steht nur im **Singular.**

Der bestimmte Artikel (L'article défini)

Die Formen des bestimmten Artikels § 18

	Singular			Plural		
maskulin	**le**	livre	[lə]	**les**	livres	[le]
	l'	hôtel	[lotɛl]	**les‿**	hôtels	[lezotɛl]
	l'	anorak	[lanɔrak]	**les‿**	anoraks	[lezanɔrak]
feminin	**la**	table	[la]	**les**	tables	[le]
	l'	histoire	[listwar]	**les‿**	histoires	[lezistwar]
	l'	orange	[lɔrɑ̃ʒ]	**les‿**	oranges	[lezɔrɑ̃ʒ]

Der **bestimmte Artikel** heißt
im **Singular**
le [lə] in der **männlichen** Form,
la [la] in der **weiblichen** Form.
Vor vokalischem Anlaut und
vor stummem *h* werden *le* und *la*
im Schriftbild zu *l'*.

Der **bestimmte Artikel** heißt
im **Plural**
les [le] für **beide Geschlechter.**

Vor vokalischem Anlaut und
vor stummem *h* wird *les* im Lautbild
gebunden.

Il parle	**du**	travail.	[dy]	Il parle	**des**	sports d'hiver.	[de]
				Il parle	**des‿**	élections.	[dezelɛksjõ]
Il pense	**au**	travail.	[o]	Il pense	**aux**	sports d'hiver.	[o]
				Il pense	**aux‿**	élections.	[ozelɛksjõ]

Die Präpositionen *de* und *à* verschmelzen mit *le* bzw. mit *les* zu einer Form:
de + le › du; à + le › au; de + les › des; à + les › aux.

Die Funktion des bestimmten Artikels § 19

Im Französischen wie im Deutschen steht der bestimmte Artikel bei Nomen, die als **bekannt** vorausgesetzt werden. Der bestimmte Artikel steht daher:

1. Vor Nomen, die **in der konkreten Situation** als **bekannt** vorausgesetzt werden:
   Passe-moi **le sel,** s'il te plaît.
2. Vor Nomen, die als **allgemein bekannt** vorausgesetzt werden:
   La Lune est le satellite de **la Terre.**
3. Vor Nomen, die bereits **im Text erwähnt** sind:
   Philippe apporte **un électrophone** et **des disques.**
   Il pose **l'électrophone** sur une chaise. Puis il montre **les disques** à ses amis.
4. Vor Nomen, die durch **eine Ergänzung** näher **bestimmt** sind:
   Le livre que tu m'as prêté est très intéressant. — C'est **le livre de Nicole.**

Der Gebrauch des bestimmten Artikels § 20

Abweichend vom Deutschen steht der bestimmte Artikel:

1.	**Les Dupont** habitent à Paris.	Duponts ...	vor Personennamen im Plural;
2. a)	**le docteur** Martin **le professeur** Foucault	Doktor Martin Professor Foucault	vor Titel und Personenname;
b)	Bonjour, **Monsieur le Commissaire;** **Monsieur le Maire.** *Aber:* Bonjour, docteur.	Guten Tag, Herr Kommissar; Herr Bürgermeister. ... Herr Doktor.	in der Anrede nach *monsieur,* wenn ein Titel folgt;
3. a)	**l'**Afrique, **l'**Amérique, **la** France, **l'**Allemagne, **le** Portugal, **le** Danemark, **le** Japon, **la** Sicile, **la** Bourgogne, **le** Poitou, **la** Bavière, **le** Bade-Wurtemberg		vor geographischen Bezeichnungen (Kontinente, Länder, größere europäische Inseln, Provinzen).
b)	Marc est rentré **du** Japon. (woher?) Maintenant, il voudrait vivre **au** Danemark (wo?) ou bien repartir **au** Portugal. (wohin?) Paul est rentré **d'** Amérique. (woher) Maintenant, il voudrait vivre **en** Allemagne (wo?) ou bien aller **en** France. (wohin?)		Auf die Fragen woher? wo? wohin? steht *du* / *au* + **männlicher** Ländername, *de* / *en* + **weiblicher** Ländername.

Der bestimmte Artikel kann eine **Verallgemeinerung** des Nomens kennzeichnen.
Mit dieser Bedeutung steht er:

1.	Il travaille aussi **le dimanche.** Er arbeitet auch **sonntags.** *Aber:* Je l'ai vu dimanche dernier. Ich habe ihn letzten Sonntag gesehen.	vor den Namen der Wochentage, wenn die regelmäßige Wiederkehr des Tages gemeint ist (vgl. § 83,2);
2.	**La femme** est l'égale de **l'homme.** **Frau** und **Mann** sind gleichberechtigt. **Les vrais amis** sont rares. **Wahre Freunde** sind selten. **Les oranges** sont riches en vitamines. **Apfelsinen** sind reich an Vitaminen.	vor Nomen, die eine ganze Gattung bezeichnen;
3.	Il préfère **le thé,** car **le café** est trop fort pour lui. Er mag lieber **Tee,** denn **Kaffee** ist ihm zu stark. **Le travail,** c'est **la santé.** **Arbeit** bedeutet **Gesundheit.**	vor Stoffnamen und abstrakten Begriffen. **Aber:** Tu veux du vin? (vgl. § 26).

Der unbestimmte Artikel (L'article indéfini)

Die Formen des unbestimmten Artikels § 21

	Singular				Plural		
maskulin	**un** livre	[ɛ̃]	ein Buch		**des** livres	[de]	Bücher
	un‿hôtel	[ɛ̃notɛl]	ein Hotel		**des**‿hôtels	[dezotɛl]	Hotels
	un‿enfant	[ɛ̃nɑ̃fɑ̃]	ein Kind		**des**‿enfants	[dezɑ̃fɑ̃]	Kinder
feminin	**une** table	[yn]	ein Tisch		**des** tables	[de]	Tische
	une‿heure	[ynœr]	eine Stunde		**des**‿heures	[dezœr]	Stunden
	une‿amie	[ynami]	eine Freundin		**des**‿amies	[dezami]	Freundinnen

Der **unbestimmte Artikel** heißt
im **Singular**
un [ɛ̃] in der **männlichen** Form,
une [yn] in der **weiblichen** Form.
Vor vokalischem Anlaut und vor stummem *h* wird *un* im Lautbild gebunden.

Der **unbestimmte Artikel** heißt
im **Plural**
des [de] für **beide Geschlechter.**

Vor vokalischem Anlaut und vor stummem *h* wird *des* gebunden.

Die Funktion des unbestimmten Artikels § 22

Im Französischen wie im Deutschen steht der unbestimmte Artikel bei Nomen, die **neu** in den Text eingeführt werden.

— Où est-ce que je peux acheter **un** carnet et **des** timbres?

— Pour **le** carnet, vous allez à la papeterie et pour **les** timbres, à la poste.

Der Gebrauch des unbestimmten Artikels § 23
(abweichend vom Deutschen)

Jean fait	**des**	**courses.**	Unbestimmter Artikel Plural + Nomen bezeichnen eine **unbestimmte Menge zählbarer Dinge.** Im Deutschen steht in diesen Fällen das Nomen ohne Artikel.
	...	Einkäufe	
Il achète	**des**	**livres,**	
	...	Bücher	
et	**des**	**timbres.**	
	...	Briefmarken.	

Beachte:

a)	– Vous avez fait	**des**	**photos?**	Vor der Gruppe Adjektiv + Nomen steht im Plural a) in gesprochener Sprache: *des* + Adjektiv + Nomen;
	– Oui, on a fait	**des**	**belles photos.**	
b)	Le patron avait	**de**	**bonnes raisons** de refuser cette offre.	b) in gehobener gesprochener und in geschriebener Sprache: *de* + Adjektiv + Nomen.
c)	Nous achetons	**des** ...	**petits pains.** *Brötchen*	c) Sind Nomen und Adjektiv zu einem festen Begriff verschmolzen, so steht immer: *des* + fester Begriff.
	Nous invitons	**des** ...	**jeunes gens.** *Jugendliche*	

Der Partitiv (L'article partitif)

Die Formen des Partitivs § 24

maskulin				**feminin**			
de l'	argent	[dəlarʒɑ̃]	Geld	**de l'**	eau	[dəlo]	Wasser
du	tabac	[dytaba]	Tabak	**de la**	musique	[dəlamyzik]	Musik

Der Partitiv heißt *de l'/du* in der **männlichen** Form und *de l'/de la* in der **weiblichen** Form.

Die Funktion des Partitivs § 25

Der **Partitiv** steht wie der **unbestimmte** Artikel bei Nomen, die **neu** in den Text eingeführt werden.

Hier, nous avons fait
un pique-nique avec **du pain** et **du fromage. Le fromage** était excellent.

Der Gebrauch des Partitivs § 26

Während der **unbestimmte** Artikel sich auf Nomen bezieht, die **zählbare** Dinge bezeichnen, steht der **Partitiv** bei Nomen, die **nicht zählbare** Dinge bezeichnen.
Der Partitiv steht in der Regel **nach dem Verb.**

1.	On nous a servi	**de la**	bonne bière.	... gutes Bier	Partitiv + Nomen bezeichnen eine **unbestimmte Menge eines Stoffes.**
	Je prends le café avec	**du**	**sucre**	... mit Zucker	
	et	**du**	**lait.**	und Milch.	

2. Il aime écouter	**de la**	**musique.** … Musik	Partitiv + Nomen bezeichnen **abstrakte Begriffe,** die nicht als Allgemeinbegriffe verwendet werden. (Vgl. § 19.) Im Deutschen steht in diesen Fällen das Nomen ohne Artikel.
C'est	**de la**	**folie.** … Wahnsinn	
Il a	**du**	**courage.** … Mut	

Beachte:

Partitiv und bestimmter Artikel werden unterschiedlich verwendet, besonders nach *préférer* und *aimer mieux:*

Partitiv:

– Vous voulez **du** thé ou **du** café?
– Moi, je préférerais **du** thé. Ich möchte lieber Tee. (jetzt)

Bestimmter Artikel:

Moi, je préfère **le** thé. Ich mag lieber Tee. (allgemein)

Der Artikel bei Mengenbegriffen § 27

Während zur Angabe unbestimmter Mengen der unbestimmte Artikel Plural oder der Partitiv gebraucht wird, steht nach Ausdrücken, die die Menge näher bestimmen, *de* + Nomen **ohne Artikel.** Solche Mengenbegriffe sind:

1. **un groupe de** jeunes **une foule de** gens **un tas de** choses **une boîte de** sardines	**un paquet de** sucre **un verre d'**eau	**Nominalgruppen:** z. B. *un groupe, une foule, un tas, une boîte, un paquet, un verre,* etc.
2. **beaucoup de** pommes **peu d'**argent **assez de** légumes Les Français boivent **plus de** vin, mais **moins de** bière que les Allemands. Et **combien de** cognac?	**trop de** fautes **tant d'**amour **pas de** succès	**Adverbien:** z. B. *beaucoup, peu, assez, trop, tant, pas, plus, moins, combien, etc.*

Beachte:

1. Nach den Mengenbegriffen stehen nur zählbare Dinge im Plural:
une boîte de sardine**s** — un paquet de sucr**e**.
2. Nach *la plupart* die Mehrzahl, die meisten und *bien* sehr viel(e) steht *de* **mit Artikel:**
La plupart des invités sont déjà arrivés.
Vous semblez savoir **bien des** choses.

Der Artikel in verneinten Sätzen §28

1. Vous aimez	**le**	whisky?	– Non, je **n'** aime	**pas le**	whisky.
Tu cherches	**le**	journal?	– Non, je **ne** cherche	**pas le**	journal.
Vous avez	**les**	livres de maths?	– Non, je **n'** ai	**pas les**	livres de maths.

Ist das direkte Objekt des bejahten Satzes ein Nomen mit dem **bestimmten** Artikel, so bleibt im verneinten Satz der bestimmte Artikel erhalten.

2. Tu écris	**une**	lettre?	– Non, je **n'**écris	**pas**	**de**	lettre.
Vous avez	**un**	frère?	– Non, je **n'**ai	**pas**	**de**	frère.
Vous voulez encore	**du**	whisky?	– Non merci,	**plus**	**de**	whisky.
Vous avez	**des**	problèmes?	– Non, je **n'**ai	**jamais**	**de**	problèmes.

Ist das direkte Objekt des bejahten Satzes ein Nomen mit **unbestimmtem** Artikel oder dem **Partitiv,** so steht im verneinten Satz *de* anstelle des Artikels.

Beachte:
Nach verneintem *être* steht das Nomen mit Artikel.

Les clochards ne sont pas **des** voleurs.

Der Artikel in festen Wendungen und nach Präpositionen §29

1. avoir **les** cheveux blonds, – blonde Haare, **le** teint clair, – helle Haut, **les** yeux bleus. – blaue Augen haben. avoir **le** temps de ... – Zeit haben avoir **le** téléphone – Telefon haben	Abweichend vom Deutschen steht der bestimmte Artikel in einer Reihe von Gallizismen.
2 a) avoir faim – avoir soif avoir peur – avoir envie de . . avoir confiance en ... – *Beachte:* perdre courage – avoir du courage perdre patience – avoir de la patience	Der Artikel fehlt vor Nomen in einigen festen Wendungen.
b) avoir **une** faim **de loup** avoir **une** peur **panique** avoir **une grande** envie de ... avoir **une** confiance **totale** en ...	Ist das Nomen näher bestimmt, so steht der unbestimmte Artikel.
3. sans amis – une copie pleine de fautes sans travail – une route bordée d'arbres sans argent – avoir besoin d'argent	Nach den Präpositionen *sans* und *de* stehen kein Partitiv und kein unbestimmter Artikel Plural.

Die Demonstrativbegleiter (Les déterminants démonstratifs)

Die Formen der Demonstrativbegleiter § 30

	Singular				Plural			
maskulin	**ce** **cet**‿ **cet**‿	livre **h**ôtel enfant	[sə] [sɛtotɛl] [sɛtɑ̃fɑ̃]	dieses ...	**ces** **ces**‿ **ces**‿	livres **h**ôtels enfants	[se] [sezotɛl] [sezɑ̃fɑ̃]	diese ...
feminin	**cette** **cette** **cette**	femme histoire adresse	[sɛt] [sɛt] [sɛt]	diese ...	**ces** **ces**‿ **ces**‿	femmes **h**istoires adresses	[se] [sezistwar] [sezadrɛs]	diese ...

Die **Demonstrativbegleiter** heißen
im **Singular**
ce [sə] in der **männlichen** Form,
cette [sɛt] in der **weiblichen** Form.
Vor stummem *h* und vor vokalischem Anlaut wird *ce* [sə] im Schriftbild zu *cet* und im Lautbild zu [sɛt].

Die **Demonstrativbegleiter** heißen
im **Plural**
ces [se] für **beide Geschlechter.**

Vor stummem *h* und vor vokalischem Anlaut wird *ces* im Lautbild gebunden.

Funktion und Gebrauch der Demonstrativbegleiter § 31

1. Die **Demonstrativbegleiter** haben im Französischen die gleiche Funktion wie im Deutschen. Sie stehen vor Nomen, die im Text bereits erwähnt sind. Ferner verweisen sie auf etwas räumlich oder zeitlich Naheliegendes.
   Unterscheide: ce matin **heute** morgen; **ce** soir **heute** abend; **cette** nuit **heute** nacht.

2. An das durch einen Demonstrativbegleiter bestimmte Nomen wird, besonders in der gesprochenen Sprache, häufig *-là* angehängt:

- im Sinne einer Zeigegeste:
  Tu vois, **cette robe-là,** elle me plaît. ... das Kleid da (hier) ...
- in abwertender Bedeutung:
  Il n'a rien à faire **cet homme-là?** ... der Mann da ...
- wenn zwei Dinge zur Wahl stehen:
  Tu prends **ces chaussures-là** ou les autres? ... die Schuhe da oder die anderen?
  In diesem Fall kann das Nomen, welches auf das erste verweist, durch *-ci* hervorgehoben werden:
  Je n'aime pas **ce livre-ci.** ... dieses Buch. Donnez-moi **celui-là.** ... das da.

Vergleiche die Demonstrativpronomen § 52.

Die Possessivbegleiter (Les déterminants possessifs)

Die Formen der Possessivbegleiter

§ 32

	Nomen im Singular		Nomen im Plural
	maskulin	**feminin**	
1. Person Singular	**mon** livre [mõ] mein ... **mon**‿ami [mõnami]	**ma** **sœur** [mɛ] meine ... **mon**‿amie [mõnami]	**mes** livres [me] sœurs amis [mezami] amies
2. Person Singular	**ton** livre [tõ] dein ... **ton**‿ami [tõnami]	**ta** sœur [ta] deine ... **ton**‿amie [tõnami]	**tes** livres [te] sœurs amis [tezami] amies
3. Person Singular	**son** livre [sõ] sein .../ ihr ... **son**‿ami [sõnami]	**sa** sœur [sa] seine .../ ihre ... **son**‿amie [sõnami]	**ses** livres [se] sœurs amis [sezami] amies
1. Person Plural	**notre** livre [nɔtr] unser ... sœur unsere ... ami [nɔtrami] amie		**nos** livres [no] sœurs amis [nozami] amies
2. Person Plural	**votre** livre [vɔtr] euer ... sœur eure ... ami [vɔtrami] amie		**vos** livres [vo] sœurs amis [vozami] amies
3. Person Plural	**leur** livre [lœr] ihr ... sœur ihre ... ami [lœrami] amie		**leurs** livres [lœr] sœurs amis [lœrzami] amies

1. Die **Possessivbegleiter** richten sich **in allen Personen** nach **Singular** und **Plural** des Nomens, vor dem sie stehen.
   Beachte besonders *leur:* leur steht vor einem Nomen im **Singular.**
   leurs steht vor einem Nomen im **Plural.**
2. In der **1.—3. Person Singular** richten sich die Possessivbegleiter auch nach dem **Geschlecht** des Nomens, wenn dieses im **Singular** steht
3. Vor weiblichen Nomen (oder Adjektiven), die mit einem Vokal (oder mit stummem *h*) beginnen, stehen *mon, ton, son.*
4. Vor vokalischem Anlaut (und vor stummem *h*) werden *mon, ton, son* und *mes, tes, ses, nos, vos, leurs* im Lautbild gebunden.

Unterscheide die 3. Person Singular im Französischen und im Deutschen:

Jean montre / **Claire** montre **son** livre, **sa** voiture, **ses** disques.	**Jean** zeigt: **sein** Buch, **sein** Auto, **seine** Platten. **Claire** zeigt: **ihr** Buch, **ihr** Auto, **ihre** Platten.

Abweichend vom Deutschen richtet sich der Possessivbegleiter auch in der 3. Person Singular ausschließlich nach dem Geschlecht des Nomens, vor dem er steht, und nicht nach dem Geschlecht des Besitzers.

Beachte: Die Formen *votre* und *vos* werden auch als Höflichkeitsform in der Anrede benutzt.

– Vous cherchez **votre** valise, madame? — Sie suchen Ihren Koffer, ...?
– Vous cherchez **vos** gants, monsieur? — Sie suchen Ihre Handschuhe, ...?

Funktion und Gebrauch der Possessivbegleiter § 33

Die Possessivbegleiter haben im Französischen die gleiche Funktion wie im Deutschen. Sie bezeichnen eine Zugehörigkeit.

Françoise, je te présente **mon père.** — Françoise, darf ich Dir **meinen Vater** vorstellen?

Beachte: Abweichend vom Deutschen steht der Possessivbegleiter auch bei Kleidungsstücken. Im Deutschen kann in diesen Fällen der bestimmte Artikel oder der Possessivbegleiter stehen.

Enlève **ta** veste. Il fait chaud ici. — Zieh Dir **die (deine)** Jacke aus.

Vergleiche die Possessivpronomen § 54.

Die Interrogativbegleiter (Les déterminants interrogatifs) § 34

	Singular				**Plural**			
	Vous prenez				Vous prenez			
mas-kulin	**quel** **quel**	livre? album?	[kɛl] [kɛl]	welches ...?	**quels** **quels**	livres? albums?	[kɛl] [kɛlzalbɔm]	welche ...?
femi-nin	**quelle** **quelle**	valise? armoire?	[kɛl] [kɛl]	welchen ...?	**quelles** **quelles**	valises? armoires?	[kɛl] [kɛlzarmwar]	welche ...?

Die **Interrogativbegleiter** heißen
im **Singular**
quel [kɛl] in der **männlichen** Form,
quelle [kɛl] in der **weiblichen** Form.

Die **Interrogativbegleiter** heißen
im **Plural**
quels [kɛl] in der **männlichen** Form,
quelles [kɛl] in der **weiblichen** Form.
Vor vokalischem Anlaut und vor stummem *h* werden *quels* und *quelles* im Lautbild gebunden.

Vergleiche die Interrogativpronomen § 55.

Die indefiniten Begleiter (Les déterminants indéfinis)

Tout / toute § 35

J'ai lu	**tout**	**le**	courrier.	[tulkurje]	... die **ganze** Post ...
Nous avons travaillé	**toute**	**la**	journée.	[tutlaʒurne]	... den **ganzen** Tag ...
Elle a invité	**tous**	**ses**	amis.	[tusezami]	... **alle ihre** Freunde ...
C'est moi qui ai pris	**toutes**	**ces**	photos.	[tutsefoto]	... **alle diese** Fotos ...

Tout/toute richtet sich in Geschlecht und Zahl nach dem Nomen, das es näher bestimmt. Es verstärkt die Begleiter, vor denen es steht.

Vergleiche *tous/toutes* + bestimmter Artikel und *chaque*: § 36

Tous les élèves de la classe ont donné leur avis. **Alle** Schüler der Klasse ...	**Chaque élève** a donné son avis. **Jeder** (einzelne) Schüler ...

Tous/toutes + bestimmter Artikel bezeichnet **alle ohne Unterschied.**

Chaque bezeichnet **jeden einzelnen im besonderen.**

Aucun / aucune; pas un / pas une § 37

Il	**n'**	y **a**	**pas un (seul)** **aucun**	cinéma dans ce quartier.	... **kein (einziges)** Kino

Aucun/aucune und *pas un/pas une* stehen nur im **Singular.** Sie verbinden sich in der geschriebenen Sprache mit dem Verneinungselement *ne*, das immer vor dem Verb steht.

Certains / certaines; différents / différentes; plusieurs; quelques § 38

Certaines	personnes se plaignent toujours.	Gewisse Leute ...
Plusieurs	élèves sont arrivés en retard.	Mehrere Schüler ...
Quelques	jours de vacances me feraient du bien.	Einige Tage Ferien ...
Différentes	personnalités ont assisté à cette conférence.	Verschiedene Persönlichkeiten

Vergleiche die indefiniten Pronomen § 61—63.

Die Grundzahlen (Les adjectifs numéraux cardinaux) § 39

Zu den Begleitern des Nomens gehören auch die Grundzahlen.
J'ai passé **quinze jours** en France.
Die Grundzahlen werden zusammen mit den anderen Zahlwörtern in Kap. 7 behandelt.

Kapitel 4: Die Pronomen (Les pronoms) §40

Pronomen sind Wörter, die **im Satz** ein nominales Satzglied **vertreten.**

Im Text (in einer Abfolge von Sätzen) **verweisen** sie:

1. auf ein bereits erwähntes nominales Satzglied:
   Vous connaissez **ce roman?** — Oui, je **l'**ai déjà lu.

2. auf ein folgendes nominales Satzglied:
   Qui est venu tout à l'heure? — **Le facteur.**

   Das Fragepronomen *qui* verweist hier auf *le facteur.*

3. auf ganze Sätze oder Satzfolgen:
   Jean n'a pas répondu à ma lettre. Cela ne me gêne pas.

Zur Wortart der Pronomen gehören:

- die **Personalpronomen** (*je, tu, il,* etc.);
- die **Pronominaladverbien** *en, y;*
- die **Demonstrativpronomen** (*celui, celle, cela,* etc.);
- die **Possessivpronomen** (*le mien, le tien,* etc.);
- die **Interrogativpronomen** (*qui?, que?, lequel?,* etc.);
- die **Relativpronomen** (*qui, dont, lequel,* etc.);
- die **indefiniten Pronomen** (*chacun, tous,* etc.).

Die Personalpronomen (Les pronoms personnels) §41

Im Französischen werden die Personalpronomen in zweifacher Hinsicht unterschieden:

1. nach ihrer **Funktion:**
   - Die Personalpronomen der 1. und der 2. Person (ich — du, wir — ihr/Sie) verweisen auf die Teilnehmer des Gespräches.
   - Die Personalpronomen der 3. Person (er — sie — es) verweisen auf Eigennamen oder nominale Satzglieder, die bereits im Text erwähnt sind und über die gesprochen wird.
2. nach ihrer **Form:**
   - Die **verbundenen Personalpronomen** können nicht allein stehen.
     Tu vois Jean? — Oui, **je le** vois.
   - Die **unverbundenen Personalpronomen** können auch allein stehen.
     Qui a fait cela? — **Moi.**

Die verbundenen Personalpronomen
(Les pronoms personnels conjoints)

Die Personalpronomen der 1. und 2. Person

§ 42

Subjekt		Direktes Objekt			Indirektes Objekt		
– **Je**	suis malheureux.	Tu	**me**	comprends?	Tu	**me**	rends visite?
		Tu	**m'**	écoutes?	Tu	**m'**	apportes des disques?
– **Tu**	es triste?	Je	**te**	comprends.	Je	**te**	montre mes disques.
		Je	**t'**	invite.	Je	**t'**	offre un verre.
– **Nous**	allons au cinéma?	Tu	**nous**	accompagnes?	Tu	**nous**	offres l'entrée?
– **Vous**	allez au cinéma?	Je	**vous**	rejoins.	Je	**vous**	réserve des places tout de suite?
On	y va.						

1. *Me, te, nous, vous* können als direkte und als indirekte Objektpronomen verwendet werden.
2. Vor vokalisch anlautendem Verb wird *je* zu *j'*, *me* zu *m'* und *te* zu *t'*. *On, nous, vous* werden im Lautbild gebunden.
3. In der gesprochenen Sprache wird das Subjektpronomen *on* in der Bedeutung von *nous* wir verwendet: *On va au cinéma?* Gehen wir ins Kino?

Die Personalpronomen der 3. Person

§ 43

	Subjekt		Direktes Objekt			Indirektes Objekt		
– Où est …								
Paul?	– **Il**	est sur le balcon.	Tu	**le**	vois?	Tu	**lui**	dis bonjour?
le journal?	– **Il**	est sur la table.	Tu	**l'**	apportes?			
Anne?	– **Elle**	est dans le jardin.	Tu	**la**	vois?	Tu	**lui**	dis bonjour?
la bière?	– **Elle**	est dans le frigo.	Tu	**l'**	apportes?			
– Où sont …								
Eve et Jean?	– **Ils**	sont sur le balcon.	Tu	**les**	vois?	Tu	**leur**	dis bonjour?
les journaux?	– **Ils**	sont sur la table.	Tu	**les**	apportes?			
les filles?	– **Elles**	sont dans le jardin.	Tu	**les**	vois?	Tu	**leur**	dis bonjour?
les clés?	– **Elles**	sont dans le sac.	Tu	**les**	apportes?			

1. Die **direkten** Objektpronomen *le, la les* haben die gleiche Form wie die bestimmten Artikel. Vor Vokal werden *la* und *le* zu *l'*, *les* wird im Lautbild gebunden.
2. Die **indirekten** Objektpronomen haben für beide Geschlechter nur eine Form: im Singular *lui* ihm/ihr und im Plural *leur* ihnen.

Die Reflexivpronomen (Les pronoms réfléchis) §44

1. Person	Je	**me**	lève à 7 heures.	Nous	**nous**	amusons bien ici.
2. Person	Tu	**te**	lèves quand?	Vous	**vous**	amusez aussi?
3. Person	Mon ami Sa sœur	**s'** **s'**	appelle Jacques. appelle Anne.	Ils Elles	**s'** **s'**	ennuient ici. ennuient aussi.

Die Reflexivpronomen der 1. und der 2. Person sind die Objektpronomen *me, te, nous, vous.*
Das Reflexivpronomen der 3. Person heißt in allen Formen *se.*
Vor vokalischem Anlaut wird *me* zu *m',* *te* zu *t'* und *se* zu *s'.*

Zur Stellung der Personalpronomen vgl. §§ 46—48, 51.

Die Pronominaladverbien ‹en› und ‹y› (Les adverbes pronominaux *en* et *y*) §45

Jacques Jacques	 **en**	revient revient.	**de Toulouse.**	Jacques Jacques	 **y**	va va.	**à Toulouse.**

En vertritt im Satz Ergänzungen mit *de.*

Y vertritt im Satz Ergänzungen mit *à, dans, en, sur.*

Im Text verweisen *en* und *y* auf:

1. **Ortsbestimmungen:** Mon ami était **à Paris** la semaine dernière.	
Il **en** est rentré hier soir. ... von dort (= Il est rentré **de Paris.**)	Il **y** retourne demain. ... dorthin (= Il retourne **à Paris.**)
2. **Sachobjekte** und **-subjekte:** Vous avez vu **le dernier film** de Truffaut? **Il** est intéressant.	
On **en** parle beaucoup. ... darüber (= On parle **de ce film.**)	On **y** pense beaucoup. ... daran (= On pense **à ce film.**)
Aber bei Personen *de / à* + Pronomen:	
– Tu parles **de Paul?** – Non, je ne parle pas **de lui.**	– Tu penses **à Jeanne?** – Non, je ne pense pas **à elle.**

Beachte: In der gesprochenen Sprache wird auch bei Personenobjekten *en* verwendet:
— Je ne veux plus **en** entendre parler, **de ce type.** Über den Kerl will ich nichts mehr hören.

En verweist besonders auf **Mengenangaben:**

– Vous avez	**une pièce de 10 F?**	– Oui, j'	**en**	ai	**une.**
		J'	**en**	ai même	**plusieurs.**
– Mon frère a	**deux enfants.**	– Nous	**en**	avons	**trois.**
– Vous avez acheté	**des oranges?**	– Oui, j'	**en**	ai acheté.	... welche ...
		J'	**en**	ai acheté	**un kilo.**
	Mengenangabe ←		**en**		**Mengenwort**

En wird meist durch ein Mengenwort näher bestimmt. Diese nähere Bestimmung kann fehlen, wenn *en* auf ein Nomen verweist, das von *du, de la* oder *des* begleitet wird.

Unterscheide:

– Tu		apportes	**des disques?**	– Tu		as apporté	**les disques?**
Oui, j'	**en**	apporte.		Oui, je	**les**	ai apportés.	
– Tu		prends	**du vin?**	– Tu		as aimé	**le vin?**
Non, je n'	**en**	prends pas.		Oui, je	**l'**	ai aimé.	

Ist das direkte Objekt ein Nomen mit **unbestimmtem Artikel Plural** oder **mit Partitiv,** so wird im Text mit *en* darauf verwiesen.

Ist das direkte Objekt ein Nomen mit **bestimmtem Artikel,** so wird im Text mit den Objektpronomen *les / le / l' / la* darauf verwiesen.

Die Stellung der Objektpronomen

Ein Objektpronomen beim Verb

§ 46

– Mon ami est là-bas.					
On	**lui**	**dit**		bonjour? Tu connais son histoire?	
– Je	**la**	**connais**		depuis longtemps.	
Je	**l'**	**ai**		souvent entendue.	
On	**en**	**a**		beaucoup parlé.	
Je **n'**	**y**	**ai**	**plus**	pensé, pourtant.	

Die Objektpronomen und die Pronominaladverbien *en* und *y* stehen unmittelbar **vor der Personalform** des Verbs.

Die Verneinung umschließt die Gruppe Objektpronomen + Personalform des Verbs.

Vergleiche mit dem Deutschen: Je **le** vois.
Ich sehe **ihn.**

Zur Stellung der Objektpronomen beim bejahten Imperativ vgl. § 51.

Zwei Objektpronomen beim Verb

Vor dem Verb können zwei Objektpronomen stehen. Sie können aber nur in einer bestimmten Reihenfolge kombiniert werden. Andere Kombinationen sind nicht möglich.

1. – Tu	**me / nous**			montres	**ton vélo? ta caméra? tes disques?**		
– Bien sûr. Je	**te / vous**	**le la les**		montre		tout de suite.	... es dir ... / ... sie euch ...
– Vous	**m'**			attendez	**à la station?**		
– Oui, je	**vous**		**y**	attends		vers midi.	... Sie dort ...
Jacques	**s'**		**y**	trouvera		aussi.	... sich dort ...
– Tu		**le**		rencontres	**dans ce café**	quelquefois?	
– Je		**l'**	**y**	rencontre		souvent.	... ihn dort ...
– Tu		**l'**		informes	**du projet?**		
– Oui, je		**l'**	**en**	informerai		demain.	... ihn darüber ...

1. Es stehen

me te se nous vous	vor	**le la les**	vor	**y en**

Beachte:
y vor *en* kommt nur in *Il y en a* ... vor.

2. – Tu				montres			**ton vélo ta caméra tes disques**	**à Nicole? à Pierre? à tes amis?**
– Mais, je	**le**	**lui**		ai	déjà	montré.		... es ihr ...
	la	**lui**		ai	déjà	montrée.		... sie ihm ...
	les	**leur**		ai	déjà	montrés.		... sie ihnen ...
– Tu		**lui**		as		parlé	**du projet?**	
– Non, je **ne**		**lui**	**en**	ai	**pas**	parlé.		... ihm davon ...

2. Es stehen

le la les	vor	**lui leur**	vor	**en**

Beachte: Die direkten Objektpronomen *me, te, nous, vous, se* können nicht mit den indirekten Objektpronomen kombiniert werden. Statt dessen steht *à* + unverbundenes Personalpronomen. (Vgl. § 49.)

Il faut que je **te** présente **à lui.**	. . dich ihm . . .
Il **s'**est adressé **à moi.**	. . . sich an mich . . .

Die Objektpronomen beim Infinitiv § 48

Nadine a cassé le transistor. – On doit **le réparer.** – Tu **ne** veux **pas le réparer,** toi?	Bei einem Verb mit nachfolgendem Infinitiv stehen die Objektpronomen und die Pronominaladverbien *en* und *y* in der üblichen Reihenfolge **vor dem Infinitiv.** Die Verneinung umschließt das in der Personalform stehende Verb.
Le patron est très pressé. – Vous pouvez **me** **taper** cette lettre? – Oui, je peux **vous la taper** cet après-midi.	
Je vais parler du projet à Gérard. – Tu **ne** peux **pas lui en parler.** – Mais je dois **lui en parler!**	**Beachte:** Bei den Wahrnehmungsverben *voir, regarder, entendre, écouter, sentir* sowie bei *faire, laisser* stehen die Pronomen **vor der Personalform:** **Je le vois** venir.
– On va au cinéma? – Vous voulez **y aller** tout de suite? Moi, je **ne** peux **pas y aller** de toute façon.	

Die unverbundenen Personalpronomen
(Les pronoms personnels disjoints)

Die Formen der unverbundenen Personalpronomen § 49

Singular	Plural
moi	**nous**
toi	**vous**
lui	**eux**
elle	**elles**
soi	**soi**

Die unverbundenen Personalpronomen haben als Subjekt und als Objekt die gleiche Form.
Elle/elles, nous, vous werden als verbundene und als unverbundene Personalpronomen verwendet.
– **Elle** est venue.
– Qui est venu? **Elle?**

Der Gebrauch der unverbundenen Personalpronomen § 50

1. Qui a dit cela? – **Lui.** Qui est là? – **Moi.**	Im Gegensatz zu den verbundenen Personalpronomen können die unverbundenen Personalpronomen **ohne Verb** stehen.

2. **Subjekt** **Moi, je** vais au cinéma ce soir. Et **vous,** vous y allez aussi? **Nous, on** reste à la maison. **Objekt** Je **te** connais, **toi.** **Lui,** je ne peux pas **le** supporter.	Stehen die unverbundenen Personalpronomen mit den verbundenen Personalpronomen, so **heben** sie diese Personen gegenüber anderen besonders **hervor.** Sowohl die verbundenen Subjekt- als auch die verbundenen Objektpronomen können auf diese Weise betont werden. (Vgl. § 139.)
3. Nous allons partir **sans lui.** Vous venez **avec moi?**	Die unverbundenen Personalpronomen stehen immer **nach Präpositionen.**
4. Ce livre est **à moi.** C'est **à lui,** ce chapeau?	In Verbindung mit *à* bezeichnen sie ein **Besitzverhältnis.**

Beachte:

1. Nach betontem *lui* und *eux* können in gehobener gesprochener und in geschriebener Sprache die verbundenen Pronomen *il* und *ils* entfallen:

   Lui n'a rien dit.

2. An die unverbundenen Personalpronomen kann mit Bindestrich *même* angeschlossen werden:

   Il est venu **lui-même.** **Er selbst** ist gekommen.

Die Objektpronomen beim Imperativ § 51

1. Ein Objektpronomen

Beim **bejahten** Imperativ stehen die Objektpronomen **nach dem Verb.**
Sie werden mit **Bindestrich** angeschlossen.

	Direktes Objekt	Indirektes Objekt	
1. Person	Regarde - **moi.** Attendez - **nous.**	Téléphone - **moi.** Téléphonez - **nous.**	In der 1. und 2. Person Singular stehen beim bejahten Imperativ die Formen der unverbundenen Pronomen *moi* und *toi.*
2. Person	Dépêche - **toi.** Dépêchez - **vous.**	Imagine - **toi.** Figurez - **vous.**	

3. Person	Direktes Objekt		Indirektes Objekt	
	On regarde **l'album?**	Regarde - **le.**	J'écris **à Jean?**	Ecris - **lui.**
	Je ferme **la porte?**	Ferme - **la.**	Je parle **à Anne?**	Parle - **lui.**
	J'apporte **les disques?**	Apporte - **les.**	J'écris **aux Dupont?**	Ecris - **leur.**

In der 3. Person stehen beim **bejahten** Imperativ die direkten Objektpronomen *le, la, les* bzw. die indirekten Objektpronomen *lui, leur.*

Beachte:
Beim **verneinten** Imperativ stehen die Objektpronomen wie im Aussagesatz (vgl. § 46) **vor dem Verb.** Es stehen die **verbundenen** Personalpronomen: Je **lui** écris.
Ne **lui** écris **pas.**

2. Zwei Objektpronomen

Beim **bejahten** Imperativ stehen beide Pronomen **nach dem Verb.**

Voilà une jolie photo.		
Je la montre **aux enfants?**	Montre - **la** - **leur.**	Die direkten Objektpronomen
Je la montre **à Nicole?**	Montre - **la** - **lui.**	stehen dabei **vor** den indirekten.
Tu as **les photos?**	Montre - **les** - **moi.**	Beim bejahten Imperativ steht *moi.*

Beachte:
1. Beim **verneinten** Imperativ stehen beide Pronomen wie im Aussagesatz (vgl. § 47) in der üblichen Reihenfolge **vor** dem Verb: Je **la leur** montre.
   Ne **la leur** montre **pas.**
2. *En* und *y* stehen beim **bejahten** Imperativ an letzter Stelle: Donne-m'**en.**
   Außer in festen Wendungen wie *va-t'en* und *vas-y* ist dieser Gebrauch selten.

Die Demonstrativpronomen (Les pronoms démonstratifs)

Die Formen der Demonstrativpronomen § 52

	Singular		**Plural**	
maskulin	**celui-ci** **celui-là**	der, dieser der, dieser hier / da	**ceux-ci** **ceux-là**	die, diese die, diese hier / da
feminin	**celle-ci** **celle-là**	die, diese die, diese hier / da	**celles-ci** **celles-là**	die, diese die, diese hier / da
neutrale Formen	**ce; ceci, cela, ça**	das, dieses		

Funktion und Gebrauch der Demonstrativpronomen §53

Die Demonstrativpronomen haben, wie die Demonstrativbegleiter (vgl. § 31), **hinweisende** Funktion. Im Unterschied zu den Demonstrativbegleitern, die **beim** Nomen stehen, können die Demonstrativpronomen nominale Satzglieder **vertreten.**
Sie richten sich in Geschlecht und Zahl nach dem nominalen Satzglied, auf das sie verweisen. Die neutralen Formen können auf ganze Sätze verweisen.

1. Celui-ci; celui-là

– Quels sont **vos gants?** **Ceux-ci** ou **ceux-là?** – Quel **pantalon** prenez-vous? – Je prends **celui-là.**	Stehen zwei Dinge zur Wahl, so weist *celui-ci* auf das erste, *celui-là* auf das zweite hin. Sonst steht *celui-là.*

Beachte: *Celui, celle, ceux, celles* stehen nicht allein. Sie haben immer ein Stützwort bei sich. Neben den Hinweiswörtern *-ci* und *-là* kann auch ein Relativpronomen oder *de* stehen.

– Ma veste? C'est **celle qui** est sur la chaise.
– Et celle-là? – C'est **celle de** ma sœur.

2. ce

Ce n'**est** pas vrai. **C'est** une erreur. **Aber:** **Cela m'**est égal.	Neutrales *ce* steht als Subjekt vor den Formen von *être.* Geht *être* ein Personalpronomen voraus, steht *cela.*

Unterscheide:

Il est évident **qu'il a raison.** (*il* weist voraus.)

Il a raison, c'est évident. (*ce* weist zurück.)

3. cela (ça); ceci

Jean nous a trompés. – **Cela** ne peut pas être vrai. (– **Ça** se peut pas.) Il n'y a pas classe demain? – Qui t'a dit **cela** (ça)?	*Cela* verweist als Subjekt oder Objekt auf einen vorausgehenden Satz oder eine Satzfolge. In der gesprochenen Sprache steht häufig *ça.*

Cela (Ça) te gêne de venir ce soir? **Cela** (Ça) t'étonne que je le sache?	*Cela (ça)* steht als neutrales Subjekt vor allen transitiven Verben.
Ceci est à moi, **cela** est à vous. **Ceci** est une copie; **cela, c'est** l'original.	Wenn zwei Dinge zur Wahl stehen, weist *ceci* auf das erste, *cela* auf das zweite hin. Folgt auf *cela* ein Nomen, steht *cela, c'est ... (ça, c'est ...)*.

Die Possessivpronomen (Les pronoms possessifs) **§ 54**

Beziehungswort	A qui est **ce journal?**	Et **cette voiture?**	A qui sont **ces disques?**	Et **ces photos?**
Singular 1. Person 2. Person 3. Person	C'est **le mien,** **le tien,** **le sien,**	C'est **la mienne,** **la tienne,** **la sienne,**	Ce sont **les miens,** **les tiens,** **les siens,**	Ce sont **les miennes,** **les tiennes,** **les siennes,**
Plural 1. Person 2. Person 3. Person	 **le nôtre,** [lənotr] **le vôtre,** [ləvotr] **le leur.**	 **la nôtre,** [lanotr] **la vôtre,** [lavotr] **la leur.**	 **les nôtres,** [lenotr] **les vôtres,** [levotr] **les leurs.**	 **les nôtres,** **les vôtres,** **les leurs.**

Vor dem Possessivpronomen steht immer der **bestimmte Artikel.**
Das Possessivpronomen richtet sich mit dem Artikel in Geschlecht und Zahl nach seinem Beziehungswort.

Beachte:

Das Possessivpronomen vertritt ein Nomen mit Possessivbegleiter (vgl. § 32).

– C'est le manteau de Christine?	– Non, c'est **le mien.**	meiner, der meinige
	(= **mon manteau**)	mein Mantel
– Ma sœur veut aller en France.	Et **la tienne?**	deine, die deinige
	(= **ta sœur?**)	deine Schwester

Die Interrogativpronomen (Les pronoms interrogatifs) § 55

1. Frage nach Personen (vgl. § 127)

1. Subjekt			Mit *qui* fragt man nach **Personen.** Neben *qui* wird als **Subjekt** *qui est-ce qui* und als **Objekt** *qui est-ce que* verwendet.
Qui	a téléphoné?	Wer?	
Qui est-ce qui	a téléphoné?		
2. Direktes Objekt			
Qui cherches-tu?			
Tu cherches **qui?**		Wen?	
Qui est-ce que	tu cherches?		
3. Präpositionen			*Qui* steht auch nach Präpositionen.
A qui	penses-tu?	An wen?	
A qui est-ce que	tu penses?		
De qui	parles-tu?	Von wem?	
De qui est-ce que	tu parles?		

Beachte: In der **indirekten** Frage wird nur *qui* bzw. Präposition + *qui* verwendet.
Dis-moi **qui** a téléphoné. / **qui** tu cherches. / **à qui** tu penses.
wer angerufen hat. **wen** du suchst. **an wen** du denkst.

2. Frage nach Sachen (vgl. § 127)

1. Subjekt			
Qu'est-ce qui se passe?		Was?	*Qu'est-ce qui* fragt nach dem Subjekt.
2. Direktes Objekt			
Qu'est-ce que Jean fait?		Was?	*Qu'est-ce que* fragt nach dem Objekt. *Que* kann als Objektpronomen stehen, wenn der Satz keine Ergänzung hat.
Que dit Jean?			
Aber:			
Qu'est-ce que Jean a dit **à Marie?**			
3. Präpositionen			*Quoi* steht
A quoi	penses-tu?	Woran?	– nach Präpositionen
A quoi est-ce que	tu penses?		
De quoi	parles-tu?	Wovon?	
De quoi est-ce que	tu parles?		
4. Ohne Verb			
J'ai quelque chose à te dire.			– ohne Verb.
Quoi?		Was?	

Merke: *Qu'est-ce que c'est?* [kɛskəsɛ] Was ist das?

Beachte:

In der **indirekten** Frage steht bei Sachen als Subjekt *ce qui*, als Objekt *ce que* und mit Präpositionen *quoi*.

Dis-moi **ce qui**	se passe.	... **was** los ist.
Raconte **ce que**	Jean a fait.	... **was** Jean gemacht hat.
Dis-moi **à quoi**	tu penses.	... **an was** du denkst.

3. Lequel

Il y a en France			
– des peintres très connus.	– **Lesquels?**		Welche?
	Lequel	est le plus moderne?	Welcher ...?
– de très belles églises.	– **Lesquelles?**		Welche?
	Laquelle	est la plus ancienne?	Welche ...?
– de grands ports de mer.	– **Lesquels?**		Welche?
	Lequel	est le plus important?	Welcher ...?

Mit dem Fragepronomen *lequel / laquelle* fragt man nach bestimmten Personen oder Sachen aus einer Gruppe.
Es richtet sich in Geschlecht und Zahl nach seinem Beziehungswort.

J'ai cherché ce mot **dans** plusieurs dictionnaires.	**Dans lesquels?**	In welchen?
Jacques s'est adressé **à** plusieurs centres de vacances.	**Auxquels?**	An welche?
On a parlé **du** frère de Sylvie.	**Duquel?**	Von welchem?

Lequel/laquelle kann wie ein Nomen mit Präpositionen stehen.
Steht *lequel/laquelle* mit den Präpositionen *à* oder *de*, so verschmelzen

à + *lequel* zu *auquel*, *à* + *lesquels/lesquelles* zu *auxquels/auxquelles*,
de + *lequel* zu *duquel*, *de* + *lesquels/lesquelles* zu *desquels/desquelles*.

Vergleiche die Interrogativbegleiter § 34.

Die Relativpronomen (Les pronoms relatifs)

Qui, que § 56

Subjekt				*Qui* ist **Subjekt,** *que* **direktes Objekt** des Relativsatzes. *Qui* und *que* beziehen sich auf Personen und Sachen und sind in Geschlecht und Zahl unveränderlich.
Tu connais le monsieur	**qui**	vient de passer?	.. der ...	
Regarde la lettre	**qui**	est sur la table.	.. der ...	
Tu connais les gens	**qui**	sont arrivés?	.. die ...	
Objekt				
Tu connais le monsieur	**que**	tu vois là-bas?	.. den ...	
Regarde la lettre	**que**	j'ai reçue.	.. den ...	
Tu connais les gens	**qu'**	ils ont invités?	.. die ...	

Vor Vokal wird *que* zu *qu'*.

Dont § 57

A Paris, il y a 14 lignes de métro.		9	**de ces lignes**	traversent la Seine.
A Paris, il y a 14 lignes de métro	**dont**	9		traversent la Seine.

Dont vertritt im Relativsatz Ergänzungen mit *de*.

Le monsieur	**dont**	vous parlez et			... von dem ...
	dont	je	connais les enfants ...		... dessen ...
La lettre	**dont**	j'	ai	une copie ...	... von dem ...
Les gens	**dont**	j'	ai	l'adresse ...	... von denen ...
	dont	**S**	**V**	**O**	

Dont bezieht sich auf Personen und Sachen im Singular und Plural.
Dont ist **unveränderlich.**
Nach *dont* folgt die normale Wortstellung: *dont* + **S**ubjekt + **V**erb + **O**bjekt.

Präpositionen und Relativpronomen: ‹qui› und ‹lequel› § 58

1. Le docteur Les collègues La fille Les enfants	**à qui** **à qui** **avec qui** **pour qui**	j'ai parlé ... j'ai écrit ... je suis sorti ... j'ai fait tout cela ...	In Verbindung mit einer Präposition steht mit Bezug auf **Personen** das Relativpronomen *qui*.
2. L'hôpital L'agence Les livres Les lettres La voiture Les meubles	**auquel** **à laquelle** **auxquels** **auxquelles** **avec laquelle** **pour lesquels**	j'ai téléphoné ... j'ai écrit ... je m'intéresse ... je dois répondre ... je suis parti ... j'ai tant dépensé ...	Bezieht sich der Relativsatz auf **Sachen,** steht Präposition + *lequel*. *Lequel* richtet sich in Geschlecht und Zahl nach seinem Beziehungswort.

Lequel, lesquels, lesquelles verschmelzen mit der Präposition *à* zu *auquel, auxquels, auxquelles.* (Vgl. § 55,3.)

Beachte:

1. Nach den Präpositionen *parmi* und *entre* steht immer *lequel/laquelle:*
   Un groupe de jeunes **parmi lesquels** se trouvent des Français ...
2. In der geschriebenen Sprache ermöglicht *lequel/laquelle,* bei Nomen verschiedenen Geschlechts die relative Beziehung zu verdeutlichen:

   Le père de **Monique, laquelle** fait ses études à Paris ...   ... die ...
   Le père de Monique, **lequel** habite Paris ...   ... der ...

Ce qui, ce que § 59

1. **Subjekt**			
Je fais	**ce qui**	me plaît.	... was mir gefällt.
	Ce qui	m'intéresse surtout, **c'est** le sport.	
2. **Direktes Objekt**			
Je fais	**ce que**	je veux et	... was ich will
	ce que	je n'aime surtout pas, **c'est** le travail.	

Als neutrales Relativ ohne Beziehungswort steht *ce qui* als Subjekt und *ce que* als Objekt.
Die deutsche Entsprechung ist in beiden Fällen ‚was'.
Geht der Relativsatz mit *ce qui/ce que* voran, so steht im Hauptsatz *c'est*... .
Das mit *c'est* eingeleitete Satzglied wird dann besonders hervorgehoben.

Où § 60

La banque	**où**	il travaille ...	... in der ...
La ville	**où**	il habite ...	... in der ...
Le pays	**d' où**	il vient ...	... aus dem ...
Le chemin	**par où**	il est passé ...	... auf dem ...

Où leitet Relativsätze ein, die Ortsbestimmungen sind. *Où* kann mit Präpositionen stehen.

Die indefiniten Pronomen (Les pronoms indéfinis)

Quelqu'un – personne; quelque chose – rien § 61

	Bejaht	Verneint (vgl. § 135)
Sub-jekt	– **Quelqu'un** a téléphoné? ... jemand ... – **Quelque chose** vous gêne? ... etwas?	– Non. **Personne.** Niemand. **Personne n'**a téléphoné. – Non. **Rien.** Nichts. **Rien ne** me gêne.
Ob-jekt	– Vous attendez **quelqu'un?** ... jemand? – Il vous a dit **quelque chose?** ... etwas ...	– Non. **Personne.** Niemand. **Je n'**attends **personne.** – Non. **Rien.** Nichts. Il **ne** m'a **rien** dit.

Quelqu'un jemand / *quelque chose* etwas stehen in **bejahten** Sätzen.
Personne (ne) niemand / *rien (ne)* nichts stehen in **verneinten** Sätzen.
In Kurzantworten ohne Verb entfällt *ne*.
Als Subjekt stehen *personne ne/rien ne* vor dem Verb,
als Objekt umschließen *ne ... personne/ne ... rien* die Objektpronomen
und die Personalform des Verbs.

Beachte: Nach *sans* steht *rien* im positiven Sinn von ‚etwas'.
Il est parti **sans rien** dire.

Quelques-uns — plusieurs; pas un seul — aucun §62

	Bejaht		Verneint (vgl. § 135)	
Subjekt	**Quelques-uns de ces livres** sont très amusants. **Plusieurs de ces livres** sont très amusants.	Einige ... Mehrere ...	**Pas un seul / Aucun** (de ces livres) **n'**est amusant.	Nicht eines / Keins ...
Objekt	Jean t'a montré **quelques-unes de ses photos?** J'**en** ai vu **quelques-unes.** J'**en** ai vu **plusieurs.**	einige ... ... einige ... ... mehrere ...	Non. Il **ne** m'**en a pas** montré **une seule.** Non. Il **ne** m'**en a** montré **aucune.**	... nicht eines ... ... keins ...

Tout; tous / toutes; chacun / chacune §63

On ne peut pas **tout** savoir.	alles ...	[tu]	*Tout* bezeichnet eine Gesamtheit von Gegenständen und Sachverhalten.
Tout‿est en ordre.	Alles ...	[tutɛ]	

Michel a invité tous ses amis.	... alle ...	[tu]	
Tous sont venus.		[tus]	**Chacun d'eux** a apporté un cadeau.
Je les connais **tous.**		[tus]	Je connais **chacun d'eux.**
Jeanne a invité toutes ses amies.		[tut]	
Toutes sont venues.		[tut]	**Chacune d'elles** est venue.
Je les connais **toutes.**		[tut]	Je connais **chacune d'elles.**

Tous [tus] / *toutes* [tut] bezeichnet **alle ohne Unterschied.**

Chacun/chacune bezeichnet **jeden einzelnen** im besonderen.

Beachte:

1. Allgemeiner als *tous* alle ist *tout le monde* jedermann, alle. Es steht, wenn nicht auf eine bestimmte oder vorher erwähnte Gruppe verwiesen wird.
   Vergleiche:
   On ne peut pas connaître **tout le monde.**
   Les amis de Pierre, je les connais **tous.**
2. Zwischen *tout* und dem Relativpronomen muß *ce,* zwischen *tous/toutes* und dem Relativpronomen muß *ceux/celles* stehen.
   tout ce qui / que ... ... alles, was ...
   tous ceux qui / que ...
   toutes celles qui / que ... ... alle diejenigen, welche ...
3. Nach *chacun* kann kein Relativpronomen stehen.
   Jeder, der ihn kennt, ... **Tous ceux qui** le connaissent ...

Vergleiche die indefiniten Begleiter §§ 35—38.

Kapitel 5: Das Adjektiv (L'adjectif) § 64

Das **Adjektiv** bezieht sich auf ein Nomen. Im Satz kann das Adjektiv

1. ein nominales Satzglied ergänzen (vgl. § 16): *une petite ville, une ville importante.*
   Es heißt dann **attributives Adjektiv** *(l'adjectif épithète).*
2. ein verbales Satzglied mit *être, sembler, devenir* bilden: *Cette ville est petite.*
   Es heißt dann **prädikatives Adjektiv** *(l'adjectif attribut).*

Die Veränderlichkeit des Adjektivs § 65
(L'accord de l'adjectif)

une	petite	fille	kleines	Cette	fille	est	petite.	
un	petit	garçon	kleiner	Ce	garçon	est	petit.	klein
des	petites	filles	kleine	Ces	filles	sont	petites.	
des	petits	garçons	kleine	Ces	garçons	sont	petits.	

Abweichend vom Deutschen richtet sich das Adjektiv nicht nur bei attributivem, sondern auch bei prädikativem Gebrauch in Geschlecht und Zahl nach dem Nomen, auf das es sich bezieht.
Beachte: Bezieht sich ein Adjektiv auf mehrere Nomen verschiedenen Geschlechts, so steht das Adjektiv im Maskulinum Plural: *Catherine et Jean sont contents.*

Femininum und Maskulinum § 66
(Le féminin et le masculin)

1. Eine Form in Schrift- und Lautbild

une	maison	moderne	[mɔdɛrn]	Über 50 % der Adjektive haben in **Schrift- und Lautbild** nur **eine Form** für Femininum und Maskulinum. Sie enden im **Schriftbild** immer auf *-e.*
un	livre	moderne		
une	femme	riche	[riʃ]	
un	homme	riche		

2. Zwei Formen im Schriftbild — Eine Form im Lautbild

Schriftbild/Lautbild					**Ebenso:**
une	robe	bleue	[blø]	Eine Reihe von Adjektiven hat ● im **Schriftbild zwei Formen:** Die feminine Form wird durch ein *-e* gekennzeichnet. ● im **Lautbild nur eine Form,** die auf Vokal, [r] oder [l] endet.	jolie, joli,
un	costume	bleu			vraie, vrai;
une	fille	gaie	[ge]		extérieure, extérieur;
un	garçon	gai			intérieure, intérieur;
une	idée	claire	[klɛr]		chère, cher.
un	ciel	clair			
une	mort	naturelle	[natyrɛl]		
un	geste	naturel			

3. Zwei Formen im Schriftbild – Zwei Formen im Lautbild

1. Schriftbild/Lautbild				Typ: Endkonsonant im Femininum hörbar, im Maskulinum stumm		
feminin		**maskulin**				
étroi**te**	[etrwat]	étroi**t**	[etrwa]	**Lautbild:**	[t]	[-]
peti**te**	[pətit]	peti**t**	[pəti]	**Schriftbild:**	**te**	**t**
ver**te**	[vɛrt]	ver**t**	[vɛr]	**Beachte:**		
for**te**	[fɔrt]	for**t**	[fɔr]	un petit‿enfant — [ɛ̃pətitɑ̃fɑ̃]		
complè**te**	[kõplɛt]	comple**t**	[kõplɛ]			
conten**te**	[kõtɑ̃t]	conten**t**	[kõtɑ̃]			
chau**de**	[ʃod]	chau**d**	[ʃo]	**Lautbild:**	[d]	[-]
froi**de**	[frwad]	froi**d**	[frwa]	**Schriftbild:**	**de**	**d**
lai**de**	[lɛd]	lai**d**	[lɛ]			
lour**de**	[lurd]	lour**d**	[lur]			
gran**de**	[grɑ̃d]	gran**d**	[grɑ̃]			
profon**de**	[prɔfõd]	profon**d**	[prɔfõ]			
françai**se**	[frɑ̃sɛz]	françai**s**	[frɑ̃sɛ]	**Lautbild:**	[z]	[-]
mauvai**se**	[mɔvɛz]	mauvai**s**	[mɔvɛ]	**Schriftbild:**	**se**	**s/x**
gri**se**	[griz]	gri**s**	[gri]	**Beachte:**		
heureu**se**	[œrøz]	heureu**x**	[œrø]	un mauvais‿exemple [-z-]		
curieu**se**	[kyrjøz]	curieu**x**	[kyrjø]			
sérieu**se**	[serjøz]	sérieu**x**	[serjø]			
ba**sse**	[bas]	ba**s**	[ba]	**Lautbild:**	[s]	[-]
gra**sse**	[gras]	gra**s**	[gra]	**Schriftbild:**	**sse/ce**	**s/x**
gro**sse**	[gros]	gro**s**	[gro]			
épai**sse**	[epɛs]	épai**s**	[epɛ]			
fau**sse**	[fos]	fau**x**	[fo]			
dou**ce**	[dus]	dou**x**	[du]			
blan**che**	[blɑ̃ʃ]	blan**c**	[blɑ̃]	**Lautbild:**	[ʃ]	[-]
fran**che**	[frɑ̃ʃ]	fran**c**	[frɑ̃]	**Schriftbild:**	**che**	**c/s**
fraî**che**	[frɛʃ]	frai**s**	[frɛ]			
lon**gue**	[lõg]	lon**g**	[lõ]	**Lautbild:**	[g]	[-]
				Schriftbild:	**gue**	**g**

1. Im **Lautbild** endet das Femininum auf Konsonant, im Maskulinum ist der Endkonsonant stumm.
   Im **Schriftbild** endet das Femininum auf *-e*, das Maskulinum auf Konsonant.

2. Schriftbild/Lautbild				Typ: Nasalierung im Maskulinum		
feminin		**maskulin**				
bonne	[bɔn]	bon	[bõ]	**Lautbild:**	[ɔn]	[õ]
certaine	[sɛrtɛn]	certain	[sɛrtɛ̃]		[ɛn]	[ɛ̃]
prochaine	[prɔʃɛn]	prochain	[prɔʃɛ̃]		[in]	[ɛ̃]
saine	[sɛn]	sain	[sɛ̃]		[yn]	[ɛ̃]
pleine	[plɛn]	plein	[plɛ̃]	**Schriftbild:**	**onne**	**on**
ancienne	[ɑ̃sjɛn]	ancien	[ɑ̃sjɛ̃]		**aine**	**ain**
moyenne	[mwajɛn]	moyen	[mwajɛ̃]		**eine**	**ein**
					enne	**en**
fine	[fin]	fin	[fɛ̃]		**ine**	**in**
brune	[bryn]	brun	[brɛ̃]		**une**	**un**
				Beachte: un bon‿enfant — [ɛ̃bɔnɑ̃fɑ̃]		

2. Im Femininum steht im Lautbild Vokal + [n], im Maskulinum wird der Vokal nasaliert.

3. Schriftbild/Lautbild				Typ: Wechselnder Vokal/Konsonant		
feminin		**maskulin**				
entière	[ɑ̃tjɛr]	entier	[ɑ̃tje]	**Lautbild:**	[ɛr]	[e]
première	[prəmjɛr]	premier	[prəmje]	**Schriftbild:**	(i)ère	(i)er
étrangère	[etrɑ̃ʒɛr]	étranger	[etrɑ̃ʒe]			
légère	[leʒɛr]	léger	[leʒe]	**Beachte:** le premier‿étage [-ɛretaʒ]		
vive	[viv]	vif	[vif]	**Lautbild:**	[v]	[f]
brève	[brɛv]	bref	[brɛf]	**Schriftbild:**	ve	f
neuve	[nœv]	neuf	[nœf]	**Ebenso:** sèche [sɛʃ] — sec [sɛk]		

3. Einige Adjektive haben **in Laut- und Schriftbild** im Femininum und im Maskulinum einen verschiedenen Endvokal bzw. Endkonsonanten.

Beachte:

1. Adjektive, die vor dem Nomen stehen können (vgl. § 68), haben im Lautbild in der Bindung die gleiche Form wie im Femininum: un bon‿ami [ɛ̃bɔnami].
2. Einige Adjektive haben in diesem Fall eine Sonderform im Lautbild: un grand‿ami [ɛ̃grɑ̃tami] un faux‿ami [ɛ̃fozami].

4. Drei Formen im Schriftbild – Zwei Formen im Lautbild

Schriftbild/Lautbild				
une	**belle**	fleur	[bɛl]	Einige Adjektive haben **vor** männlichen Nomen, die mit Vokal oder stummem *h* beginnen, **im Schriftbild eine dritte Form,** die **im Lautbild der weiblichen Form entspricht.**
un	**bel**	appartement		Diese Form steht nicht bei Nachstellung oder prädikativem Gebrauch:
un	**beau**	livre	[bo]	un appartement **beau** et pas cher
une	**nouvelle**	leçon	[nuvɛl]	Votre appartement est **beau.**
le	**Nouvel**	Observateur		
un	**nouveau**	livre	[nuvo]	
une	**vieille**	dame	[vjɛj]	
un	**vieil**	homme		
un	**vieux**	monsieur	[vjø]	

Singular und Plural (Le singulier et le pluriel) § 67

Schriftbild			**Lautbild**	**/ vor Vokal**	
une	petite	fille	[pətit]	deux petites‿élèves [døpətitzelɛv]	Die meisten Adjektive haben im **Lautbild** nur vor Vokal und stummem *h* eine Pluralform.
deux	petites	filles			
un	petit	garçon	[pəti]	deux petits‿enfants [døpətizɑ̃fɑ̃]	Im **Schriftbild** wird der Plural durch *-s* gekennzeichnet.
deux	petits	garçons			
un	beau	jardin	[bo]	deux beaux‿hôtels [døbozotɛl]	Bei Adjektiven, die im Maskulinum auf *-eau* enden, wird der Plural Maskulinum **im Schriftbild** mit *-x* gekennzeichnet.
deux	beaux	jardins			
une	belle	maison	[bɛl]	deux belles‿églises [døbɛlzegliz]	
deux	belles	maisons			

Beachte:

1. Adjektive, die im Singular Maskulinum auf *-s* oder *-x* enden, erhalten im Plural Maskulinum keine Pluralmarkierung.

   un **gros** souci — un homme **heureux**
   des **gros** soucis — des gens **heureux**

2. Adjektive, die im Singular Maskulinum auf *-al* enden, haben im Plural Maskulinum meist *-aux* [o]:

   amic**al** – amic**aux** — nation**al** – nation**aux**
   amicale – amic**ales** — nationale – nation**ales**

Die Stellung des attributiven Adjektivs (La place de l'adjectif épithète) § 68

Abweichend vom Deutschen steht im Französischen das Adjektiv entweder vor oder nach dem Nomen. Die meisten Adjektive (besonders die unterscheidenden) stehen nach dem Nomen.

1. **Nachgestellt** werden:

une	robe	bleue	— Farben
une	table	ronde	— Formen
la	langue	française	— Nationalitäten
la	religion	catholique	— Religionen
un	pays	socialiste/ communiste	— politische Zugehörigkeit
une	voix	agréable/ désagréable	— mehrsilbige Adjektive
un	enfant	haut comme trois pommes	— Adjektive mit Ergänzungen

2. **Vorangestellt** werden meist:

un	grand	arbre	*grand*	*petit*
un	mauvais	rêve	*bon*	*mauvais*
un	bon	conseil	*beau*	*long*
un	long	voyage	*jeune*	*vieux*
une	jeune	femme	*cher* (lieb)	*joli*
une	jolie	robe	*gros*	*haut*
ma	chère	amie		
un	gros	nuage		
une	haute	tour		

3. Adjektive mit verschiedener Bedeutung bei Voran- oder Nachstellung

Notre lycée est un **ancien** château.	ehemalig	C'est un château **ancien.**	sehr alt
Décembre est le **dernier** mois de l'année.	letzter	Il est mort le mois **dernier.**	vorigen
Le **pauvre** homme!	bedauernswert	C'est un homme **pauvre.**	mittellos
Je l'ai vu de mes **propres** yeux.	mit eigenen Augen	J'ai les mains **propres.**	sauber
Mon **cher** ami.	lieb	Elle porte une robe **chère.**	teuer

Die Steigerung des Adjektivs und der Vergleichssatz (Les degrés de l'adjectif et la comparaison) § 69

1. Der Komparativ (Le comparatif)

Paul	(n') est (pas)	**aussi**	grand	**que**	Pierre.	... (nicht) so groß wie ...
Pierre	est	**plus**	grand	**que**	son frère.	... größer als ...
Paul	est	**moins**	grand	**que**	Pierre.	... weniger groß/kleiner als ...

Der Vergleichssatz wird gebildet, indem man *aussi* vor das Adjektiv stellt.
Der **1. Steigerungsgrad** (Komparativ) wird gebildet, indem man *plus, moins* vor das Adjektiv stellt. Das Bezugswort wird mit *que* angeschlossen.

2. Der Superlativ (Le superlatif)

La tour Eiffel est la tour	**la plus**	haute	de Paris.	... der höchste
Jacques est mon ami	**le plus**	fidèle.		... der treueste
Nous allons toujours dans les hôtels	**les moins**	chers.		... die billigsten

Der **2. Steigerungsgrad** (Superlativ) wird gebildet, indem man den bestimmten Artikel vor den Komparativ setzt.

Jacques est	**mon**	ami	**le plus fidèle.**
Jacques est	**mon plus fidèle**	ami.	

Steht der Superlativ vor dem Nomen, so entfällt der Artikel, da schon ein anderer Begleiter da ist.

3. Sonderformen

Nous avons bu du	**bon** vin.	*bon(s)*	*bonne(s)*	gut
Mais celui-ci est	**meilleur.**	*meilleur(s)*	*meilleure(s)*	besser
C'est même	**le meilleur.**	*le(s) meilleur(s)*	*la (les) meilleure(s)*	beste(r)

Das Adjektiv und seine Ergänzungen (L'adjectif et ses compléments) § 70

Eine Reihe von Adjektiven kann von Nomen oder Infinitiven mit verschiedenen Präpositionen ergänzt werden.

contraire	aux	lois	entgegengesetzt	prêt	au	départ	fertig
fidèle	à	sa femme	treu		à	partir	
sourd	aux	prières	taub	capable	de	tout	fähig
âgé	de	20 ans	alt		de	tout faire	
différent	des	autres	verschieden	content	de	la journée	zufrieden
haut	de	35 m	hoch		de	voir qn	
long	de	2 m	lang	fier	de	qn	stolz
plein	de	fautes	voll		d'	aider qn	
pauvre	en	charbon	arm	heureux	de	son succès	glücklich
riche	en	charbon	reich		de	voir qn	
				sûr	du	résultat	sicher
					de	réussir	
				libre	de	partir	frei

Beachte:

Cette règle est **facile / difficile / impossible à** comprendre. ... leicht / schwierig /
Il est **facile / difficile / impossible de** comprendre cette règle. unmöglich ...

Kapitel 6: Das Adverb (L'adverbe)

Die Funktionen des Adverbs §71

Adverbien können im Satz unterschiedliche Funktionen einnehmen. Unterscheide:

1. Adverbien, die unmittelbare Bestandteile des Satzes sind (vgl. § 3):

   | Heureusement, + le train n'était pas encore parti. | Glücklicherweise ...

2. Adverbien, die unmittelbare Bestandteile eines verbalen Satzgliedes sind (vgl. § 5):

   | Ma femme | conduit + prudemment. | Meine Frau fährt vorsichtig.

3. Adverbien, die Adjektive oder andere Adverbien näher bestimmen:

   Paul est | très + lent | dans son travail. Il travaille | très + lentement. | ... sehr ...

4. Adverbien, die Sätze verbinden:

   | Vous allez tout droit, | puis, | vous tournez à gauche. | ... dann ...

Die Formen des Adverbs §72

1. Abweichend vom Deutschen haben im Französischen Adjektiv und Adverb meist verschiedene Formen:

   Cette **voiture** est **rapide.** ... schnell ...
   Elle **roule rapidement.** ... schnell ...

2. Man unterscheidet im Französischen
   - **abgeleitete** Adverbien (auf *-ment*): *lentement, visiblement, rarement,* etc.
   - **ursprüngliche** Adverbien: *souvent, très, peu, hier, beaucoup, vite,* etc.
   - **adverbiale Ausdrücke,** die die gleiche Funktion wie Adverbien haben: *avec courage = courageusement.*

Die Bildung der abgeleiteten Adverbien §73

	Schriftbild/Lautbild		
1. une ligne un train qui y va une fille une fille qui travaille	**directe** **directement;** **sérieuse** **sérieusement.**	[dirɛkt] [dirɛktəmɑ̃] [serjøz] [serjøzmɑ̃]	Das Adverb wird gebildet durch Anhängen von *-ment* [mɑ̃] an die weibliche Form des Adjektivs.

	Schriftbild/Lautbild		
2. un nom un nom qu'on entend un quartier On y dort	**rare** **rarement;** **tranquille** **tranquillement.**	[rar] [rarmɑ̃] [trɑ̃kil] [trɑ̃kilmɑ̃]	Bei Adjektiven auf *-e,* die nur eine Form haben (vgl. § 66), wird die Endung *-ment* an diese Form angehängt.
3. une histoire Elle plaît une fille une fille qui parle	**vraie** **vraiment;** **polie** **poliment.**	[vrɛ] [vrɛmɑ̃] [pɔli] [pɔlimɑ̃]	Adjektive, die im Lautbild des Femininums auf betonten Vokal enden, leiten das Adverb von der maskulinen Form des Schriftbildes ab. **Aber:** gaie — gai**ement**.
4. une récolte La pluie tombe un conducteur Il conduit	**abondante** **abondamment;** **prudent** **prudemment.**	[abɔ̃dɑ̃t] [abɔ̃damɑ̃] [prydɑ̃] [prydamɑ̃]	Die meisten Adjektive auf [-ɑ̃] bilden die Adverbien auf [amɑ̃]. **Beachte** die Schreibweise: -**a**nt → -**a**mment -**e**nt → -**e**mment.

Sonderformen:

gentil gent**iment**	énorme énorm**é**ment	commode commod**é**ment	profond profond**é**ment	bon **bien**	mauvais **mal**	rapide **vite/** rapidement

Beachte:

1. Eine Reihe von Adjektiven bildet kein Adverb. Statt dessen stehen adverbiale Wendungen oder andere Umschreibungen:

Il la regardait **de façon arrogante.**	... arrogant ...
lire un article **d'un œil critique**	... kritisch lesen ...

2. Bei einer Reihe von Verben wird in festen Wendungen das Adjektiv wie ein Adverb verwendet:

acheter/vendre **cher**	teuer kaufen/verkaufen
chanter/sonner **faux/juste**	falsch/richtig singen/klingen
peser **lourd**	schwer sein/viel wiegen
parler **haut/bas**	laut/leise sprechen
sentir **bon/mauvais/fort**	gut/schlecht/stark riechen
tenir **bon**	standhalten
voir **clair**	klar sehen

Die Steigerung des Adverbs §74

Jean travaille		lentement.			... langsam.
Il travaille	**plus**	lentement	**que**	ses copains.	... langsamer als ...
Il travaille même	**le plus**	lentement	**de**	toute la classe.	... am langsamsten von ...

Beim Adverb stehen dieselben Vergleichsadverbien wie beim Adjektiv (vgl. § 69): *aussi, plus, moins, le plus, le moins.*
Das Bezugswort wird im Komparativ mit *que*, im Superlativ mit *de* angeschlossen.

Beachte: Nach *plus* und *moins* steht *de*, wenn es sich um eine Mengenangabe handelt:
Il est déjà plus de huit heures. J'ai moins de 20 F sur moi.

Sonderformen:

bien	gut	**peu**	wenig	**beaucoup**	viel
mieux	besser	**moins**	weniger	**plus**	mehr
le mieux	am besten	**le moins**	am wenigsten	**le plus**	am meisten

Der Gebrauch einzelner ursprünglicher Adverbien §75

Einige ursprüngliche Adverbien unterscheiden sich in ihrem Gebrauch vom Deutschen.

1. ‹beaucoup› und ‹très›

Ce garçon **ne m'intéresse pas beaucoup.**	... sehr.	C'est un élève **très sérieux.**	... sehr ...
Il **travaille beaucoup plus** que son frère.	... viel ...	Il se couche toujours **très tôt.**	... sehr ...
Il **lit beaucoup trop.**	... viel ...	Il est **très en avance** sur ses copains.	... weit voraus.
Il est **beaucoup moins** intéressant que son frère.	... viel ...		

Beaucoup wird gebraucht
- bei **Verben;**
- bei **Verben** vor *plus, moins, mieux, trop;*
- vor **Komparativen** mit *plus, moins.*

Très wird gebraucht
- vor **Adjektiven;**
- vor **Adverbien;**
- vor **adverbialen Ausdrücken.**

2. Bien

Tu es **bien jeune** pour fumer. Vous avez fini **bien vite!** Nous avons **bien ri.** Nous nous sommes **bien amusés.** Ce vin est **bien meilleur** que l'autre.	... sehr/allzu ... ... sehr/recht ... ... sehr ... ... sehr/gut ... ... viel ...	*Bien* wird gebraucht — vor Adjektiven; — vor Adverbien; — vor Verben; — in Steigerungen.

3. Comment, combien, comme, que

Comment tu t'appelles? Je me demande **comment** tu as appris mon nom.	Wie ... ... wie, auf welche Weise ...	*Comment* wie / auf welche Weise steht in direkten und indirekten Fragesätzen.
Combien tu gagnes par mois? Tu sais **combien** il gagne? Vous ne pouvez pas savoir **combien** il m'énerve.	... wieviel ... ... wie sehr ...	*Combien* wieviel steht in indirekten und direkten Fragesätzen. Es bedeutet auch ‚wie sehr'.
Comme je suis heureux ici! Il fait chaud **comme** en juillet. **Aber:** Il fait **aussi chaud qu'**en juillet.	Wie ...! ... wie ... ... so ... wie ...	*Comme* wie steht in Ausrufesätzen und in Vergleichssätzen ohne Vergleichsadverb.
Il lit **autant que** moi et il se trompe **aussi** souvent **que** moi. **Qu'**il est bête!	... soviel wie ... ... so ... wie ... Wie ...!	*Que* wie/als steht in Vergleichssätzen mit Vergleichsadverbien. *Que* steht wie *comme* im Ausruf.

4. Tout

Il est	tout	petit.	[tu]	*Tout* vor Adjektiven bedeutet ‚ganz, sehr'.
Ils sont	tout	petits.	[tu]	Es wird nur im Femininum,
Elle est	toute	petite.	[tut]	jedoch nicht vor Vokal
Elles sont	toutes	petites.	[tut]	und stummem *h*, verändert.
Elle est	**tout**	**étonnée.**	[tutetɔne]	(Vgl. aber §§ 35 + 63.)
Elle est	**tout**	**heureuse.**	[tutœrøz]	

Die Stellung des Adverbs beim Verb

1. In den einfachen Zeiten

Il	**parle**	**trop.**	Das Adverb steht **nach** dem Verb.
Il	**viendra**	**sûrement.**	

2. In den zusammengesetzten Zeiten

Il	**a**	**trop**	parlé.	Adverbien, besonders — der Menge *(beaucoup, peu, trop)* — der Art und Weise *(mal, bien)* und unbestimmte Zeitangaben *(souvent, rarement,* etc.) stehen nach der Personalform des Verbs.
Elle	**avait**	**beaucoup**	pleuré.	
J'	**ai**	**peu**	travaillé.	
J'	**ai**	**mal/bien**	compris.	
Je l'	**ai**	**souvent**	vu.	
Il m'	**a**	**rarement**	écrit.	
Il	est **arrivé**	**hier.**		Ortsadverbien und einige Zeitadverbien *(aujourd'hui, hier, demain, tôt, tard)* stehen nach dem Partizip II.
Je me	suis **levé**	**tard.**		
Je l'	ai **suivi**	**partout.**		
Je l'	ai **rencontré**	**ici.**		

3. Beim Infinitiv

On	doit **rouler**	**lentement.**		Die **abgeleiteten** Adverbien stehen meist **nach** dem Infinitiv.
Il	faut **conduire**	**prudemment.**		
Elle	parle sans	**trop**	**réfléchir,**	**Ursprüngliche** Adverbien stehen meist **vor** dem Infinitiv.
mais elle	sait	**bien**	**faire** la cuisine.	

4. Satzadverbien

Normalement, François est le meilleur nageur. **Malheureusement,** il n'est pas en forme. **Ainsi,** c'est Pierre qui gagne.	Adverbien, die Sätze verknüpfen, stehen am Satzanfang.

Kapitel 7: Die Zahlwörter (Les numéraux) § 77

Die **Zahlwörter** gehören teils zu den **Begleitern** (*deux, trois,* etc., vgl. Kap. 3), teils zu den **Adjektiven** (*premier, deuxième,* etc., vgl. Kap. 5) und teils zu den **Nomen** (*une douzaine,* etc., vgl. Kap. 2).

Die Grundzahlen (Les numéraux cardinaux) § 78

1. Die Grundzahlen von 1 bis 60

0 zéro	[zero]	10 dix	[dis]	20 vingt	[vɛ̃]
1 un, une	[ɛ̃/yn]	11 onze	[õz]	21 vingt et un/une	[vɛ̃teɛ̃/yn]
2 deux	[dø]	12 douze	[duz]	22 vingt-deux	[vɛ̃tdø]
3 trois	[trwa]	13 treize	[trɛz]	30 trente	[trɑ̃t]
4 quatre	[kat(r)]	14 quatorze	[katɔrz]	31 trente et un/une	[trɑ̃teɛ̃/yn]
5 cinq	[sɛ̃k]	15 quinze	[kɛ̃z]	32 trente-deux	[trɑ̃tdø]
6 six	[sis]	16 seize	[sɛz]	40 quarante	[karɑ̃t]
7 sept	[sɛt]	17 dix-sept	[disɛt]	41 quarante et un/une	[karɑ̃teɛ̃/yn]
8 huit	[ɥit]	18 dix-huit	[dizɥit]	50 cinquante	[sɛ̃kɑ̃t]
9 neuf	[nœf]	19 dix-neuf	[diznœf]	60 soixante	[swasɑ̃t]

1. Von der Zahl 17 an werden die Zahlen aus Zehnern und Einern gebildet.
2. Zehner und Einer verbindet ein Bindestrich, außer wenn *et* dazwischen steht.
3. Stehen die Zahlen mit dem Einer (1, 21, 31, etc.) vor dem Nomen, so wird Femininum und Maskulinum unterschieden:
   vingt et **une** pages. **Aber:** à la page **un.**

Beachte die Besonderheiten im Lautbild:

quatre [kat(r)]	**cinq** [sɛ̃k]	**six** [sis]	**huit** [ɥit]	**dix** [dis]	**alleinstehend**
quatre **l**ivres [kat(rə)livr]	cinq **l**ivres [sɛ̃(k)livr]	six **l**ivres [silivr]	huit **l**ivres [ɥilivr]	dix **l**ivres [dilivr]	**vor** Nomen mit **Konsonant**
quatre‿**a**ns [katrɑ̃]	cinq‿**a**ns [sɛ̃kɑ̃]	six‿**a**ns [sizɑ̃]	huit‿**a**ns [ɥitɑ̃]	dix‿**a**ns [dizɑ̃]	**vor** Nomen mit **Vokal**

Beachte:

1. Die Endkonsonanten von *sept* [sɛt] und *neuf* [nœf] werden immer gesprochen.
2. Vor *huit* und *onze* wird nicht gebunden und nicht apostrophiert: le train **de** huit heures; **le** onze mai.

2. Die Grundzahlen über 60

60 soixante [-s-]	**80 quatre-vingts** [katrəvɛ̃]	100 cent [sɑ̃]
61 soixante et un	81 quatre-vingt-un [katrəvɛ̃ɛ̃]	101 cent un [sɑ̃ɛ̃]
69 soixante-neuf	89 quatre-vingt-neuf	110 cent dix
70 soixante-dix	**90 quatre-vingt-dix**	200 deux cents
71 soixante et onze	91 quatre-vingt-onze	1 000 mille [mil]
72 soixante-douze	92 quatre-vingt-douze	2 000 deux mille
79 soixante-dix-neuf	99 quatre-vingt-dix-neuf	

2 586	deux mille cinq cent quatre-vingt-six
1 000 000	un million [ɛ̃miljõ]
3 450 464	trois millions quatre cent cinquante mille quatre cent soixante-quatre

1. Nach *quatre-vingts* und den vollen Hundertern wird in der Aussprache gebunden: *quatre-vingts‿ans* [katrəvɛ̃zɑ̃]; *deux cents‿ans* [døsɑ̃zɑ̃].
2. *Quatre-vingts* und die vollen Hunderter verlieren das *-s*, wenn eine weitere Zahl folgt: *quatre-vingts; deux cents;* **aber:** *quatre-vingt-deux; deux cent trois.*
3. *Mille* hat nie ein *-s.*
4. *Un million* ist ein Nomen. Daher: un million **de** touristes.
5. Für die Jahreszahlen zwischen 1100 und 1900 wird der Ausdruck mit *cent* bevorzugt: *en dix-sept cent* im Jahre 1700. Bei Daten steht *cent* ohne **s.**

Die Ordnungszahlen (Les numéraux ordinaux) § 79

1ère	la première [-jɛr]	8e	la/le huitième	17e	la/le dix-septième
1er	le premier [-je]	9e	la/le neuvième	20e	la/le vingtième
2e	la/le deuxième [-z-]	10e	la/le dixième [-z]	21e	la/le vingt‿et unième [vɛ̃teynjɛm]
2nde	la seconde [-g-]	11e	la/le onzième	22e	la/le vingt-deuxième
2d	le second	12e	la/le douzième	70e	la/le soixante-dixième
3e	la/le troisième	13e	la/le treizième	100e	la/le centième
4e	la/le quatrième	14e	la/le quatorzième	200e	la/le deux centième
5e	la/le cinquième	15e	la/le quinzième	1 000e	la/le millième [miljɛm]
6e	la/le sixième [-z-]	16e	la/le seizième	1 001e	la/le mille et unième
7e	la/le septième [-t-]				

1. Vor vokalisch anlautendem Nomen wird *premier* wie die weibliche Form *première* ausgesprochen: *le premier‿étage* [ləprəmjɛretaʒ].
2. Aus den Ordnungszahlen können Adverbien gebildet werden: *premièrement* erstens, *deuxièmement* zweitens, *troisièmement* drittens usw. Sie werden bei Aufzählungen gebraucht.
3. Bei Regentennamen und beim Datum steht nur für 1 die Ordnungszahl: *Napoléon Ier (premier); le 1er janvier.* — Sonst steht die Grundzahl, und zwar ohne Punkt: *Napoléon III* (gesprochen: *trois*); *le deux janvier, le trois mars.*

Die Bruchzahlen (Les fractions) § 80

$\frac{1}{2}$ = un demi	$\frac{3}{7}$ = trois septièmes	$\frac{1}{4}$ Jahr = trois mois
$\frac{1}{3}$ = un tiers [tjɛr]	$\frac{9}{10}$ = neuf dixièmes	$\frac{1}{2}$ Jahr = six mois
$\frac{1}{4}$ = un quart [kar]	$1\frac{2}{5}$ = un deux cinquièmes	$\frac{3}{4}$ Jahr = neuf mois
$\frac{3}{4}$ = trois quarts	$1\frac{3}{7}$ = un trois septièmes	$1\frac{1}{2}$ Jahr = un an et demi (oder: dix-huit mois)
$\frac{1}{5}$ = un cinquième	1,5 km = un km et demi	3,5 = trois virgule cinq
$\frac{1}{6}$ = un sixième	$2\frac{1}{2}$ kilos = deux kilos et demi	ein Ganzes = un entier [ɑ̃tje]

Ist der Zähler größer als 1, so bekommt der Nenner ein *-s: trois demis.*

Beachte:

Demi ist unveränderlich, wenn es **vor** dem Nomen steht: *une demi-heure.*
Steht *demi* **nach** dem Nomen, so richtet es sich nach diesem: *une heure et demie.*

Die Uhrzeit (L'heure) § 81

2 h 05	deux heures cinq	2 h 45	trois heures moins le quart
2 h 15	deux heures et quart	2 h 55	trois heures moins cinq
2 h 30	deux heures et demie	3 h 00	trois heures
12 h	**midi**	24 h	**minuit**

Beachte die offizielle Zeitansage:
z. B.: 22 h 30 = vingt-deux heures trente.

Von Zahlwörtern abgeleitete Mengenangaben § 82

une douzaine	d'huîtres	ein Dutzend Austern
une dizaine	de ...	etwa 10 ...
une quinzaine	de ...	etwa 15 ...
une vingtaine	de ...	etwa 20 ...
une trentaine	de ...	etwa 30 ...
etc.		etc.

Kapitel 8: Das präpositionale Satzglied und die Präpositionen
(Le syntagme prépositionnel et les prépositions)

Die Funktionen des präpositionalen Satzgliedes §83

Präpositionale Satzglieder können im Satz unterschiedliche Funktionen einnehmen. Es sind zu unterscheiden:

1. Präpositionale Satzglieder als adverbiale Bestimmungen (vgl. §§ 3 + 5):
   Les enfants attendent l'autobus **au coin de la rue.**
2. Präpositionale Satzglieder als indirekte Objekte (vgl. § 5):
   Paul pense **à son frère.**
3. Präpositionale Satzglieder, die ein anderes nominales Satzglied ergänzen (vgl. § 6):
   Jean aime le chalet **de son ami.** Il aime la vie **à la campagne.**

Präpositionale Satzglieder als adverbiale Bestimmungen können von unterschiedlichen Präpositionen (*après, avant,* etc.) oder präpositionalen Ausdrücken (*à côté de, à droite de,* etc.) eingeleitet werden.

Die präpositionalen Satzglieder können auf Grund ihrer Bedeutung weiter unterteilt werden. Sie können **örtliche, zeitliche, modale** und verschiedene andere Beziehungen ausdrücken.

1. Örtliche Beziehungen

Nous sommes allés **à** Paris.	*à*	nach
Notre fils vit **à** Paris.	*à*	in
Nous avons passé la nuit **à** l'hôtel.		
Nous sommes descendus **dans** un petit hôtel qui se trouve **dans** une rue tranquille.	*dans*	in (konkreter als *à*)
Il est difficile de circuler **dans** Paris.		
Je viens assez souvent **en** France.	*en*	nach
Mon fils habite **en** France depuis des années.	*en*	in
Sa fiancée est **de** Valence, elle est **du** Midi.	*de*	von, aus
Notre hôtel n'est pas **loin de** Notre-Dame.	*loin de*	weit entfernt von
Il est donc **près du** Quartier Latin.	*près de*	nahe bei
Devant l'hôtel, il y a un grand parking.	*devant*	vor
Derrière l'hôtel se trouve un petit jardin.	*derrière*	hinter
Autour du jardin, il y a un vieux mur.	*autour de*	um ... herum (um)
Le jardinier a posé une échelle **contre** le mur.	*contre*	gegen, an
Au milieu du jardin, il y a une fontaine.	*au milieu de*	mitten in, inmitten
En face de l'hôtel se trouve une banque et	*en face de*	gegenüber
à côté de l'hôtel, il y a des magasins.	*à côté de*	neben
Du côté de la gare, il y a beaucoup de cafés.	*du côté de*	in der Nähe von

Le bureau de poste est **au bout de** la rue, **à droite de / à gauche de** la station de métro.	*au bout de* *à droite de* *à gauche de*	am Ende von recht von links von
Samedi nous irons **chez** des amis français.	*chez*	zu (jm nach Hause)
Nous sommes invités **chez** des amis de mon fils.	*chez*	bei (jm zu Hause)
Nous nous promènerons **sur** les grands boulevards.	*sur*	auf
Sous les ponts de Paris, il y a des clochards.	*sous*	unter
Quelques lignes de métro passent **au-dessous de** la Seine.	*au-dessous de*	unter(halb)
Au-dessus de Paris, le ciel est souvent gris.	*au-dessus de*	über, oberhalb
De Paris nous irons **à** Valence.	*de . . . à*	von . . . nach
Nous irons même **jusqu'**à la frontière italienne / **jusqu'**en Italie.	*jusqu(e)*	bis
Nous passerons **par** Avignon et **par** Nice.	*par*	durch, über
La dernière fois, nous avons eu de la pluie **à partir d'**Avignon / **entre** Avignon et la frontière italienne.	*à partir de* *entre*	von . . . an zwischen
En été, beaucoup de gens partent **pour** l'Italie.	*pour*	nach (bei *partir*)
Mais il y en a peu qui vont **vers** le Nord.	*vers*	nach, gegen

2. Zeitliche Beziehungen

Je viendrai **à** huit heures. Vous arrivez toujours **à** la dernière minute.	*à*	um, in, zu, etc.
Ne venez pas **après** huit heures.	*après*	nach (Zeitpunkt)
Nous ferons une pause **au bout de** deux heures.	*au bout de*	nach (Zeitraum)
Je reviendrai **dans** une heure.	*dans*	in, nach Ablauf von
Jean va arriver **dans** la matinée.	*dans*	im Laufe von
On peut faire ce travail **en** une heure.	*en*	in, innerhalb von
Qu'est-ce que vous faites **pendant** les vacances?	*pendant*	während
Au milieu du film, il a quitté la salle.	*au milieu de*	mitten in
Jacques ne rentrera pas **avant** dix heures.	*avant*	vor (Zeitpunkt)
Il est parti **il y a** quelques minutes.	*il y a*	vor (Zeitraum)
Je connais M. Dupont **depuis** deux ans.	*depuis*	seit
A partir d'aujourd'hui, tout va changer.	*à partir de*	von . . . an
Nous ne voulons pas rester **jusqu'à** minuit.	*jusqu'(à)*	bis
Nous vous avons attendu(s) **de** huit heures **(jusqu') à** onze heures.	*de . . .* *(jusqu') à*	von . . . bis
J'arriverai **entre** sept et huit heures.	*entre*	zwischen
Ce sera fait **pour** samedi.	*pour*	für, bis (Zeitpunkt)
Mon mari sera de retour **vers** six heures.	*vers*	gegen
Le marché a lieu deux fois **par** semaine.	*par*	pro (Woche)

Beachte:

Örtliche und zeitliche Beziehungen werden in einigen Fällen auch durch eine adverbiale Bestimmung ohne Präposition ausgedrückt:

Pierre arrivera **le 15 août.** ... am ... Pierre habite **rue de Seine.** ... in ...

Le dimanche, je me lève tard. Sonntags ...

3. Modale und andere Beziehungen

Ce texte doit être écrit **à** la machine.	*à*	mit (Mittel)
Je n'ai pas pu venir **à cause de** la pluie.	*à cause de*	wegen
Tu viens **avec** moi?	*avec*	mit (Begleitung)
Il a ouvert la boîte **avec** un couteau.	*avec*	mit (Werkzeug)
Elle est toujours habillée **avec** goût.	*avec*	mit (Art und Weise)
D'après elle, une fille doit être élégante.	*d'après*	(ihrer Meinung) nach
En dehors de la musique pop, qu'est-ce qui vous intéresse?	*en dehors de*	außer (hinzufügend)
Elle pleure **de** joie.	*de*	vor (Ursache)
Il m'a fait signe **de** la tête.	*de*	mit (Mittel)
J'ai acheté une montre **en** or.	*en*	aus (Stoff)
Il est venu **en** avion.	*en*	mit (Art und Weise)
Je sortirai **malgré** la pluie.	*malgré*	trotz
Les gangsters ont été arrêtés **par** la police.	*par*	von, durch
arriver **par** le train tenir un enfant **par** la main	*par*	mit an } (Art und Weise)
C'est une solution **parmi** tant d'autres.	*parmi*	unter, von
Ce n'est pas un film **pour** les enfants.	*pour*	für (Bestimmung)
Il a été puni **pour** sa paresse.	*pour*	wegen
Quant à vous, je ne veux plus vous voir.	*quant à*	was anbetrifft
Il est malheureux **sans** sa femme.	*sans*	ohne
Mes amis sont venus **sauf** Jacques.	*sauf*	außer (ausschließend)

Präposition und Adverb § 84

Eine Reihe der aufgeführten Präpositionen und präpositionalen Ausdrücke können auch als Adverb verwendet werden.

Les Dupont habitent	**au-dessus de** nous.	Les Dupont habitent	**au-dessus.**	oben
Je ne les ai pas vus	**depuis** dimanche.	Je ne les ai pas vus	**depuis.**	seither
Beachte:				
J'ai mis les timbres	**dans** la boîte.	Mais ils ne sont plus	**dedans.**	darin
N'oublie pas de mettre un timbre	**sur** la lettre.	Il est déjà	**dessus.**	darauf
Le prix est marqué	**sous** le vase?	Oui, il est marqué	**dessous.**	darunter

Kapitel 9: Das Verb (Le verbe) § 85

Die meisten Sätze enthalten ein **Verb.** Das Verb ist das entscheidende Element des verbalen Satzgliedes. Von den Eigenschaften des Verbs hängt die Struktur des verbalen Satzgliedes ab.
Beim Verb unterscheidet man zwischen **Stamm** und **Endung: lav - er,** nous **lav - ons.**
Es gibt Verbformen mit **hörbarer Endung:** [lav - e] lav - **er,**
und Verbformen mit **nicht hörbarer Endung:** [ʒəlav] je lav - e.
Verbformen mit **hörbarer Endung** heißen **endungsbetonte Formen,**
Verbformen mit **nicht hörbarer Endung** heißen **stammbetonte Formen.**

Vergleiche den Unterschied zwischen Lautbild und Schriftbild beim Verb *chanter:*

Stammbetont		
Schriftbild	**Lautbild**	
je chant - **e**	[ʒə]	[ʃɑ̃t]
tu chant - **es**	[ty]	
il chant - **e**	[il]	
ils chant - **ent**		
Endungsbetont		
Schriftbild	**Lautbild**	
nous chant - **ons**	[nu	ʃɑ̃tõ]
vous chant - **ez**	[vu	ʃɑ̃te]

Im **Schriftbild** sind alle Personen doppelt gekennzeichnet: durch **Personalpronomen** und **Endungen.**

Im **Lautbild** werden die stammbetonten Formen nur durch die **Personalpronomen** unterschieden.

Die endungsbetonten Formen werden auch im Lautbild doppelt gekennzeichnet. (Vgl. § 7.)

Der Stamm gibt die Bedeutung des Verbs an, die **Endung** trägt grammatische Information.
Dabei sind zu unterscheiden:
1. die **grammatische Zeitform** (z. B. Präsens, *imparfait,* Futur);
2. die **Zahl** (Singular und Plural);
3. die **Person** (1., 2., 3. Person Singular und Plural);
4. der **Modus** (Indikativ, *subjonctif,* Konditional, Imperativ);
5. der **Aspekt** (die Opposition zwischen *imparfait* und *passé composé / passé simple*);
6. die **Zustandsform** (Aktiv und Passiv).

Infinite Verbformen enthalten keine Angaben über Person, Zahl und grammatische Zeitform.
Hierzu gehören:
der **Infinitiv** *(chercher suchen)*
das **Partizip I** *(cherchant suchend)*
das **Partizip II** *(cherché, e gesucht)*
das **Gérondif** *(en cherchant beim, durch Suchen)*

Reflexive Verben haben die Pronomen *me, te, se, nous, vous* bei sich (vgl. §§ 44 + 102)
Je me regarde dans la glace. **Ich** betrachte **mich** im Spiegel.

Die Konjugation des Verbs (La conjugaison du verbe) **§ 86**

Im Französischen werden die Verben nach ihren Endungen in **vier Konjugationsgruppen** eingeteilt:

1. Die Verben auf **-er:** cherch**er,** dans**er,** donn**er,** etc.
   Dieser Gruppe gehören etwa 90 % aller Verben an.
   Fast **alle** Verben dieser Gruppe sind **regelmäßig.**
2. Die Verben auf **-ir:** fin**ir,** part**ir,** dorm**ir,** ouvr**ir,** etc.
   Die **meisten** Verben dieser Gruppe sind **regelmäßig.**
3. Die Verben auf **-re:** atten**dre,** pren**dre,** romp**re,** etc.
   Die **meisten** Verben dieser Gruppe sind **unregelmäßig.**
4. Die Verben auf **-oir:** av**oir,** dev**oir,** fall**oir,** etc.
   Ihre Zahl ist **gering.** Sie sind **alle unregelmäßig.**

Eine weitere Einteilung der Verben ist nach der Anzahl ihrer Stämme möglich:
parler hat z. B. nur **einen Stamm** in allen Personen des Präsens: **parl** - [parl].
Finir hat **zwei Stämme: fini** - [fini] im Präsens Singular, **finiss** - [finis-] im Plural.

Weiterhin wird zwischen den **einfachen** und den **zusammengesetzten Zeitformen** *(temps simples et temps composés)* unterschieden:
Einfache Zeitform: *je cherche, je cherchais, je chercherai,* etc.
Zusammengesetzte Zeitform: *j'ai cherché, je suis tombé, je vais chercher,* etc.

‹Avoir› haben und ‹Etre› sein **§ 87**

Einfache Formen

Partizip I: ayant	étant
Präsens	
j' ai [ʒe]	je suis
tu as	tu es
il a	il est
nous avons	nous sommes
vous avez	vous êtes
ils ont	ils sont
Imparfait	
j' avais [ʒavɛ]	j' étais
tu avais	tu étais
il avait	il était
nous avions [avjõ]	nous étions
vous aviez	vous étiez
ils avaient	ils étaient

Zusammengesetzte Formen

Partizip II: eu, e	été
Passé composé	
j' ai eu	j' ai été
tu as eu	tu as été
il a eu	il a été
nous avons eu	nous avons été
vous avez eu	vous avez été
ils ont eu	ils ont été
Plus-que-parfait	
j' avais eu	j' avais été
tu avais eu	tu avais été
il avait eu	il avait été
nous avions eu	nous avions été
vous aviez eu	vous aviez été
ils avaient eu	ils avaient été

Einfache Formen

Subj. prés. que j' aie [ʒɛ] que tu aies qu' il ait que nous ayons [ɛjõ] que vous ayez qu' ils aient	que je sois que tu sois qu' il soit que nous soyons que vous soyez qu' ils soient
Imperativ aie, ayons, ayez	sois, soyons, soyez
Futur I j' aurai [-rɛ] tu auras il aura nous aurons vous aurez ils auront	je serai [-rɛ] tu seras il sera nous serons vous serez ils seront
Konditional I j' aurais [-rɛ] tu aurais il aurait nous aurions vous auriez ils auraient	je serais [-rɛ] tu serais il serait nous serions vous seriez ils seraient
Passé simple j' eus [ʒy] tu eus il eut nous eûmes vous eûtes ils eurent	je fus tu fus il fut nous fûmes vous fûtes ils furent
Subj. imparf. que j' eusse qu' il eût	que je fusse qu' il fût

Zusammengesetzte Formen

Subj. passé que j'aie eu	que j'aie été
Futur composé je vais avoir tu vas avoir il va avoir nous allons avoir vous allez avoir ils vont avoir	je vais être tu vas être il va être nous allons être vous allez être ils vont être
Futur II j' aurai eu tu auras eu il aura eu nous aurons eu vous aurez eu ils auront eu	j' aurai été tu auras été il aura été nous aurons été vous aurez été ils auront été
Konditional II j' aurais eu tu aurais eu il aurait eu nous aurions eu nous auriez eu il auraient eu	j' aurais été tu aurais été il aurait été nous aurions été vous auriez été ils auraient été
Passé antérieur j' eus eu tu eus eu il eut eu nous eûmes eu vous eûtes eu ils eurent eu	j' eus été tu eus été il eut été nous eûmes été vous eûtes été ils eurent été
Plus-que-parf. du subjonctif que j' eusse eu qu' il eût eu	que j' eusse été qu' il eût êté

Beachte:

1. Die grau unterlegten Zeitformen werden meistens in der 3. Person der geschriebenen Sprache verwendet.
2. Die Endung *-rai* der 1. Person Singular Futur wird meist [-rɛ] ausgesprochen. Bei einigen Sprechern ist die Aussprache [-re] zu hören.

Die Verben auf ‹-er› (Les verbes en *-er*)

Verben auf ‹-er› mit einem Präsensstamm: ‹porter› tragen — § 88

Einfache Formen

Partizip I: port**ant**

Präsens

je	port**e**	nous	port**ons**
tu	port**es**	vous	port**ez**
il	port**e**	ils	port**ent**

Imparfait

je	port**ais**	nous	port**ions**
tu	port**ais**	vous	port**iez**
il	port**ait**	ils	port**aient**

Subj. prés.

que je	port**e**	que nous	port**ions**
que tu	port**es**	que vous	port**iez**
qu' il	port**e**	qu' ils	port**ent**

Imperativ

port**e**	port**ons**
	port**ez**

Futur I

je	porter**ai** [-rɛ]	nous	porter**ons**
tu	porter**as**	vous	porter**ez**
il	porter**a**	ils	porter**ont**

Konditional I

je	porter**ais** [-rɛ]	nous	porter**ions**
tu	porter**ais**	vous	porter**iez**
il	porter**ait**	ils	porter**aient**

Passé simple

je	port**ai**	nous	port**âmes**
tu	port**as**	vous	port**âtes**
il	port**a**	ils	port**èrent**

Subj. imparf.

que je	port**asse**
qu' il	port**ât**

Zusammengesetzte Formen

Partizip II: porté, e

Passé composé

j'	**ai**	porté	nous	avons	porté
tu	as	porté	vous	avez	porté
il	a	porté	ils	ont	porté

Plus-que-parfait

j'	**avais**	porté	nous	avions	porté
tu	avais	porté	vous	aviez	porté
il	avait	porté	ils	avaient	porté

Subj. passé

que j'	**aie**	porté

Futur composé

je	**vais**	porter	nous	allons	porter
tu	vas	porter	vous	allez	porter
il	va	porter	ils	vont	porter

Futur II

j'	**aurai**	porté	nous	aurons	porté
tu	auras	porté	vous	aurez	porté
il	aura	porté	ils	auront	porté

Konditional II

j'	**aurais**	porté	nous	aurions	porté
tu	aurais	porté	vous	auriez	porté
il	aurait	porté	ils	auraient	porté

Passé antérieur

j'	eus	porté	nous	eûmes	porté
tu	eus	porté	vous	eûtes	porté
il	eut	porté	ils	eurent	porté

Plus-que-parf. du subjonctif

que j'	eusse	porté
qu' il	eût	porté

Verben auf ‹-er› mit zwei Präsensstämmen

§ 89

Einige Verben auf *-er* haben im Präsens zwei Stämme.

1. lever (er)heben

	Präsens 1. Stamm [lɛ̲v-]	2. Stamm [l(ə̲)v-]	
je **lèv**erai je **lèv**erais que je **lève**	je **lève** tu **lèv**es il **lève** ils **lèv**ent	nous **lev**ons vous **lev**ez	je **lev**ais je **lev**ai j'ai **lev**é (en) **lev**ant

Ebenso:

acheter	kaufen	geler	frieren	peser	wiegen
achever	vollenden	mener	führen	semer	säen

2. jeter werfen

	Präsens 1. Stamm [ʒɛ̲t-]	2. Stamm [ʒ(ə̲)t-]	
je **jett**erai je **jett**erais que je **jette**	je **jette** tu **jett**es il **jette** ils **jett**ent	nous **jet**ons vous **jet**ez	je **jet**ais je **jet**ai j'ai **jet**é (en) **jet**ant

Ebenso: appeler rufen, j'appelle [apɛl], nous appelons [aplõ].

3. préférer vorziehen

	Präsens 1. Stamm [prefɛ̲r-]	2. Stamm [prefe̲r-]	
je **préfér**erai [-fɛ̲rrɛ] je **préfér**erais [-fɛ̲rrɛ] que je **préfère**	je **préfère** tu **préfèr**es il **préfère** ils **préfèr**ent	nous **préfér**ons vous **préfér**ez	je **préfér**ais je **préfér**ai j'ai **préfér**é (en) **préfér**ant

Ebenso:

espérer	hoffen	compléter	vervollständigen	posséder	besitzen
céder	nachgeben	répéter	wiederholen	exagérer	übertreiben

Beachte:

Die Verben der Gruppe *préférer* haben im Futur und im Konditional in der Aussprache das [ɛ] des 1. Stammes. Nach Erlaß des französischen Kultusministeriums (1977) kann dem [ɛ] in der Schrift sowohl ein *é* als auch ein *è* entsprechen:

je préf**é**rerai oder je préf**è**rerai.

Verben auf ‹-er› mit Besonderheiten in der Schreibung §90

1. Verben auf ‹-cer› und ‹-ger›

forcer zwingen	c vor **e, i** je for**c**e nous for**c**ions ils for**c**eront for**c**é	ç vor **a, o** nous for**ç**ons je for**ç**ais je for**ç**ai (en) for**ç**ant	[s]	**Ebenso:** annoncer avancer commencer menacer	 ankündigen vorwärtskommen anfangen (be)drohen u. a.
manger essen	**g** vor **e, i** je man**g**e nous man**g**ions ils man**g**eront man**g**é	**ge** vor **a, o** nous man**geo**ns je man**gea**is je man**gea**i (en) man**gea**nt	[ʒ]	**Ebenso:** diriger s'engager nager partager	 richten, lenken sich verpflichten schwimmen teilen u. a.

Verben auf *-cer* und *-ger* behalten in allen Formen die Aussprache des *c* als [s] und des *g* als [ʒ] bei. Dementsprechend steht im Schriftbild vor Endungen, die mit *a* oder *o* beginnen, statt des *c* ein *ç*, statt des *g* ein *ge*.

2. Verben auf ‹-yer›

employer gebrauchen, anwenden	nous employons vous employez (en) employant employé	j' emplo**ie** tu emplo**ies** j' emplo**ie**rai j' emplo**ie**rais	[-] [-r-]	**Ebenso:** ennuyer	 langweilen

Bei den Verben auf *-yer* steht vor nicht hörbarem, nur geschriebenen *-e-* statt *-y-* ein *-i-*.

payer zahlen	nous payons vous payez (en) payant payé	je pa**ie** [pɛ] tu pa**ies** je pa**ie**rai [pɛrɛ]	oder	je pa**ye** [pɛj] tu pa**yes** je pa**ye**rai [pɛjrɛ]

Die Verben auf *-ayer* können *-y-* behalten.

Die Verben auf ‹-ir› (Les verbes en *-ir)* §91

Die Verben auf *-ir* haben **zwei Präsensstämme.**

1. Die Gruppe ‹finir› beenden (Stammerweiterung im Plural)

Einfache Formen

Präsens

1. Stamm [fini]	**2. Stamm** [finis-]
je finis	nous finissons
tu finis	vous finissez
il finit	ils finissent

Ableitung vom 2. Stamm: [finis-]

Partizip I: finissant

Imparfait

je finissais	nous finissions
tu finissais	vous finissiez
il finissait	ils finissaient

Subj. prés.

que je finisse	que nous finissions
que tu finisses	que vous finissiez
qu' il finisse	qu' ils finissent

Subj. imparf.

que je finisse
qu' il finît

Ableitung vom 1. Stamm: [fini-]

Futur I

je finirai [-rɛ]	nous finirons
tu finiras	vous finirez
il finira	ils finiront

Konditional I

je finirais [-rɛ]	nous finirions
tu finirais	vous finiriez
il finirait	ils finiraient

Passé simple

je finis	nous finîmes
tu finis	vous finîtes
il finit	ils finirent

Zusammengesetzte Formen

Passé composé

j' ai fini	nous avons fini
tu as fini	vous avez fini
il a fini	ils ont fini

Partizip II: fini, e

Plus-que-parfait

j' avais fini	nous avions fini
tu avais fini	vous aviez fini
il avait fini	ils avaient fini

Subj. passé

que j' aie fini

Plus-que-parf. du subjonctif

que j' eusse fini
qu' il eût fini

Futur II

j' aurai fini	nous aurons fini
tu auras fini	vous aurez fini
il aura fini	ils auront fini

Konditional II

j' aurais fini	nous aurions fini
tu aurais fini	vous auriez fini
il aurait fini	ils auraient fini

Passé antérieur

j' eus fini	nous eûmes fini
tu eus fini	vous eûtes fini
il eut fini	ils eurent fini

Einfache Formen | **Zusammengesetzte Formen**

Imperativ	
finis	finissons
	finissez

Futur composé					
je	vais	finir	nous	allons	finir
tu	vas	finir	vous	allez	finir
il	va	finir	ils	vont	finir

Ebenso: choisir (aus-)wählen, démolir abbrechen, niederreißen, grandir wachsen, remplir füllen, réussir Erfolg haben, u. a.

2. Die Gruppe ‹dormir› schlafen (Stammverkürzung im Singular)

Einige Verben auf *-ir* haben eine **Stammverkürzung** im Singular Präsens [dɔr].
Diese Verben leiten alle übrigen Zeitformen vom 2. Stamm [dɔrm-] ab.

In den **Endungen** besteht zur Gruppe *finir* kein Unterschied.

Präsens	
Singular	**1. Stamm**
je dors	[dɔr]
tu dors	
il dort	
Plural	**2. Stamm**
nous dor**m**ons	[dɔrm]
vous dor**m**ez	
ils dor**m**ent	

Partizip I		dormant
Imparfait	je	dormais
Subj. prés.	que je	dorme
Futur I	je	dormirai
Konditional I	je	dormirais
Passé simple	je	dormis
Subj. imparf.	qu' il	dormît
Passé composé	j'ai	dormi

Ebenso:

mentir	lügen
partir	weggehen
servir	dienen
sortir	ausgehen

Die Verben auf ‹-re› (Les verbes en *-re*) § 92

Die meisten Verben auf *-re* sind unregelmäßig.
Weitgehend regelmäßig sind nur die Verben auf *-re* mit **zwei Stämmen** im Präsens.

Die **Endungen** folgen dem Muster der Verben auf *-ir*. **Ausnahme:** Part. II *descend***u.**

descendre hinuntersteigen

Präsens	
1. Stamm [desɑ̃]	**2. Stamm** [desɑ̃d-]
je descends	nous descen**d**ons
tu descends	vous descen**d**ez
il descen**d**	ils descen**d**ent

rompre (zer)brechen

Präsens	
1. Stamm [rɔ̃]	**2. Stamm** [rɔ̃p-]
je romps	nous rom**p**ons
tu romps	vous rom**p**ez
il rom**pt**	ils rom**p**ent

Alle übrigen Zeitformen werden vom 2. Präsensstamm abgeleitet:

Ableitung vom 2. Stamm [desɑ̃d-]	
Einfache Formen	**Zusammengesetzte Formen**
Partizip I descendant	**Passé composé** je suis descendu(e)
Imparfait je descendais	**Plus-que-parfait** j' étais descendu(e)
Subj. prés. que je descende	**Subj. passé** que je sois descendu(e)
Subj. Imparf. qu' il descendît	**Plus-que-parf. du subjonctif** que je fusse descendu(e)
Futur I [-rɛ] je descendrai	**Futur II** je serai descendu(e)
Konditional I [-rɛ] je descendrais	**Konditional II** je serais descendu(e)
Passé simple je descendis	**Passé antérieur** je fus descendu(e)

Imperativ descends descendons descendez	**Futur composé** je vais descendre

Ableitung vom 2. Stamm [rɔ̃p-]	
Einfache Formen	**Zusammengesetzte Formen**
Partizip I rompant	**Passé composé** j'ai rompu
Imparfait je rompais	**Plus-que-parfait** j'avais rompu
Subj. prés. que je rompe	**Subj. passé** que j'aie rompu
Subj. imparf. qu' il rompît	**Plus-que-parf. du subjonctif** que j'eusse rompu
Futur I [-rɛ] je romprai	**Futur II** j'aurai rompu
Konditional I [-rɛ] je romprais	**Konditional II** j'aurais rompu
Passé simple je rompis	**Passé antérieur** j'eus rompu

Imperativ romps rompons rompez	**Futur composé** je vais rompre

Wie *descendre:* attendre warten, défendre verteidigen, entendre hören,
répondre antworten, u. a.

Übersicht über die Ableitung der Verbformen

Um ein Verb zu konjugieren, geht man in der Regel von folgenden Formen aus:

— von der 1. Person Singular Präsens der Verben auf *-er:*
  j'**aime,** j'**appelle,** j'**essaie,** je m'**ennuie.**
— vom Stamm des Infinitivs:
  attend(re), **fini**(r), **li**(re), **boi**(re), **mett**(re), **dev**(oir), **pleuv**(oir).
— vom Stamm der 1. Person Plural Präsens:
  nous **jou**(ons), nous **essay**(ons), nous **perd**(ons), nous **finiss**(ons), nous **dorm**(ons).
— vom Stamm der 3. Person Plural Präsens:
  ils **donn**(ent), ils **finiss**(ent), ils **prenn**(ent), ils **doiv**(ent).

Da aus diesen Formen weitere Formen abgeleitet werden können, heißen sie auch **Ableitungsbasen.**

Zeitform	Ableitungsbasis	Beispiele		
Futur und **Konditional** der Verben auf *-er*	1. Person Singular des Präsens der Verben auf *-er*	je **joue** j' **appelle** je **jette** j' **achète**	→ → → →	je joue**rai(s)** j' appelle**rai(s)** je jette**rai(s)** j' achète**rai(s)**
Futur und **Konditional** der übrigen Verben	Stamm des Infinitivs	**attend**re **fini**r **dormi**r **boi**re **dev**oir	→ → → → →	j' attend**rai(s)** je fini**rai(s)** je dormi**rai(s)** je boi**rai(s)** je dev**rai(s)**
Partizip II — der Verben auf *-er* — der Verben auf *-re* — der Verben auf *-ir*	Stamm des Infinitivs	**donn**er **attend**re **fini**r **parti**r	→ → → →	j'ai donn**é** j'ai attend**u** j'ai fini je suis parti
Imparfait **Partizip I** **Gérondif**	Stamm der 1. Person Plural Präsens	nous **donn**ons nous **finiss**ons nous **dorm**ons nous **perd**ons nous **recev**ons	→ → → → →	je donn**ais** (en) donn**ant** je finiss**ais** (en) finiss**ant** je dorm**ais** (en) dorm**ant** je perd**ais** (en) perd**ant** je recev**ais** (en) recev**ant**
Subjonctif présent	Stamm der 3. Person Plural Präsens	ils **donn**ent ils **finiss**ent ils **dorm**ent ils **perd**ent ils **doiv**ent	→ → → → →	que je donne que je finisse que je dorme que je perde que je doive

Die Bildung der zusammengesetzten Zeitformen mit ‹avoir› oder ‹être› § 94

(La formation des temps composés avec ‹avoir› ou ‹être›)

Die zusammengesetzten Zeitformen werden gebildet mit *avoir* bzw. *être* und dem Partizip II des betreffenden Verbs.
Die meisten Verben bilden die zusammengesetzten Zeitformen mit *avoir*.

Die zusammengesetzten Zeitformen mit *être* bilden:

- alle reflexiven Verben (vgl. § 102),
- das Passiv (vgl. § 96),
- einige intransitive Verben, z. B. *tomber* fallen:

Passé composé							
je **suis**	tombé(e)	nous **sommes**	tombé(e)s	**Plus-que-parf.**	j' **étais**	tombé(e)
tu **es**	tombé(e)	vous **êtes**	tombé(e)(s)	**Futur II**	je **serai**	tombé(e)
il **est**	tombé	ils **sont**	tombés	**Kond. II**	je **serais**	tombé(e)
elle **est**	tombée	elles **sont**	tombées			

Das Partizip II richtet sich in diesem Fall in Geschlecht und Zahl nach dem Subjekt.
Ebenso werden mit *être* verbunden:

aller	gehen, fahren	mourir	sterben	rester	bleiben
arriver	ankommen	naître	geboren werden	retourner	zurückkehren
devenir	werden	partir	abfahren	(re)venir	(zurück)kommen
entrer	eintreten	rentrer	zurückkehren	sortir	(hin)ausgehen

Die Angleichung des Partizip II § 95

(L'accord du participe passé)

Das Partizip II ist in Geschlecht und Zahl wie ein Adjektiv veränderlich (vgl. § 65).

1. Die Veränderlichkeit des Partizip II mit ‹être›

Les portes	**étaient**	ouvertes.		**Beziehungswort:** *les portes*
Jacqueline	**est**	entrée	sans frapper.	*Jacqueline*

Wird das Partizip II mit *être* verbunden, so richtet es sich nach dem Subjekt des Satzes.

2. Die Veränderlichkeit des Partizip II mit ‹avoir›

Mme Jacquet	**a**	travaillé	toute la journée.	**Kein Beziehungswort**
Le soir, son mari	**a**	fait	la vaisselle.	
Ensuite, ils	**ont**	regardé	la télévision.	

Wird das Partizip II mit *avoir* verbunden und geht dem Verb kein direktes Objekt voran, so wird das Partizip II nicht verändert.

In Verbindung mit *avoir* wird das Partizip II nur verändert, wenn dem Verb im Satz ein **direktes Objekt vorangeht.**
Im **Lautbild** ist die weibliche Form des Partizip II nur bei wenigen Verben hörbar, z. B. bei *dite* [dit], *écrite* [ekrit], *faite* [fɛt], *mise* [miz], *prise* [priz]
In den meisten Fällen betrifft daher die Veränderlichkeit des Partizip II **nur das Schriftbild.**

Das direkte Objekt kann dem Verb folgendermaßen vorangehen:

Voilà **la lettre**	**que**	tu	**as**	écrite. [ekrit]	1. als Relativpronomen *que;*
Compte **les fautes**	**que**	tu	**as**	faites. [fɛt]	
Regarde ces photos.					2. als direktes Objektpronomen;
C'est Annie qui	**les**		**a**	prises. [priz]	
Elle	**nous**		**avait**	rencontrés en ville.	
Combien de disques	est-ce que tu		**as**	achetés et	3. als *combien de* / *quel* + Nomen;
quels livres	est-ce que tu		**as**	choisis?	
En France, il y a de très belles cathédrales.					4. als Fragepronomen *lequel.*
Lesquelles	est-ce que tu		**as**	visitées?	

Beachte: Folgt ein Infinitiv, so wird das Partizip II *fait* nie verändert.

Je **les** ai **fait chercher** partout. Ich habe sie überall suchen lassen.

3. Die Veränderlichkeit des Partizip II beim reflexiven Verb

Das Partizip II der reflexiven Verben wird zwar mit *être* verbunden, doch gelten dieselben Regeln wie beim Partizip II mit *avoir.*

Elle	s'	est	lavé	les mains.	Das Reflexivpronomen *se* ist **indirektes Objekt** *(à qui?).* Das Partizip II bleibt **unverändert.**
Ils	se	sont	écrit	plusieurs fois.	
Elles	se	sont	dit	adieu.	
	ind. O.				

Elle	**s'**	**est**	lavée.		Das Partizip II wird **verändert,** wenn *se* **direktes Objekt** ist oder dem Verb ein anderes direktes Objekt vorausgeht. (Vgl. § 102.)
Elles	**s'**	**étaient**	assises.		
Les lettres	**qu'**	ils **se sont**	écrites	...	
	dir. O.				

Die Bildung des Passivs (La formation du passif) **§ 96**

L'accusé	**est**	interrogé	**par** le juge.	Der Angeklagte wird ... verhört.
Elle	**a été**	interrogée		Sie ist ... verhört worden.
Nous	**serons**	interrogé(e)s		Wir werden ... verhört werden.
Vous	**seriez**	interrogé(e)s		Ihr würdet ... verhört werden.
J'	**aurais été**	interrogé(e)		Ich wäre ... verhört worden.

Transitive Verben mit direktem Objekt können ein persönliches Passiv bilden.
Das französische Passiv wird in allen Zeitformen mit der entsprechenden Form von *être* (Deutsch: „werden“) und dem Partizip II gebildet.
Das Partizip II richtet sich in Geschlecht und Zahl nach dem Subjekt.

Zum Gebrauch des Passivs vgl. §§ 132 + 133.

Die wichtigsten unregelmäßigen Verben (Les verbes irréguliers) **§ 97**

Viele unregelmäßige Verben gehören zu den häufigsten Verben der französischen Sprache. Ihre Kenntnis ist daher sehr wichtig.

Infinitiv **Futur**	**Präsens**	**Imparfait** **Subjonctif**	**Passé simple** **Passé composé**	**Ebenso**
aller gehen, fahren **j'irai**	je **vais** [ʒəvɛ] tu **vas** il **va** ns **allons** vs allez ils **vont** **Imper.** Va/Allez.	j' allais que j' **aille** [ʒaj] que ns **allions** qu' ils **aillent**	j' allai je suis allé(e)	*s'en aller* weggehen
s'asseoir sich setzen je m'**assiérai** (je m'assoirai)	je m' **assois** [maswa] (je m' assieds) [masje] ns ns **asseyons** (ns ns assoyons) ils s' **assoient** (ils s' asseyent) **Imper.** Assieds-toi. Asseyez-vous.	je m'asseyais que je m' asseye que ns ns asseyions qu' ils s' asseyent	je m'**assis** je me suis **assis**(e)	
atteindre erreichen j'atteindrai	j' **atteins** il atteint ns **atteignons** ils atteignent	j' atteignais que j' atteigne	j' atteignis j' ai **atteint**	

Infinitiv Futur	Präsens	Imparfait Subjonctif	Passé simple Passé composé	Ebenso
battre schlagen je battrai	je **bats** [ʒəba] ns battons ils battent	je battais que je batte	je battis j' ai battu	
boire trinken je boirai	je **bois** ns **buvons** ils **boivent**	je buvais que je **boive** que ns **buvions** qu' ils **boivent**	je **bus** j' ai **bu**	
conduire fahren, führen je conduirai	je **conduis** ns conduisons ils conduisent	je conduisais que je conduise	je conduisis j' ai **conduit**	Verben auf *-uire*
connaître kennen je connaîtrai	je **connais** ns connaissons ils connaissent	je connaissais que je connaisse	je **connus** j' ai **connu**	*reconnaître* wiedererkennen
construire erbauen je construirai	je **construis** ns construisons ils construisent	je construisais que je construise	je construisis j' ai **construit**	*s'instruire* sich bilden
courir laufen je courrai	je **cours** ns courons ils courent	je courais que je coure	je **courus** j' ai **couru**	
couvrir bedecken je couvrirai	je **couvre** ns couvrons ils couvrent	je couvrais que je couvre	je couvris j' ai **couvert**	*découvrir* entdecken
craindre fürchten je craindrai	je **crains** ns craignons ils craignent	je craignais que je craigne	je craignis j' ai **craint**	

Infinitiv Futur	Präsens	Imparfait Subjonctif	Passé simple Passé composé	Ebenso
croire glauben je croirai	je **crois** ns croyons ils croient	je croyais ns croyions que je **croie** que ns croyions qu' ils croient	je **crus** j' ai **cru**	
cueillir pflücken je **cueillerai**	je **cueille** ns cueillons ils cueillent	je cueillais que je cueille	je cueillis j' ai cueilli	*accueillir* aufnehmen
détruire zerstören je détruirai	je **détruis** ns détruisons ils détruisent	je détruisais que je détruise	je détruisis j' ai **détruit**	
devoir müssen, schulden je devrai	je **dois** ns **devons** ils **doivent**	je devais que je **doive** que ns **devions** qu' ils **doivent**	je **dus** j' ai **dû** (due, dus, dues)	
dire sagen je dirai	je **dis** ns **disons** vs **dites** ils **disent**	je disais que je dise	je dis j' ai **dit**	
écrire schreiben j'écrirai	j' **écris** ns écrivons ils écrivent	j' écrivais que j' écrive	j' écrivis j' ai **écrit**	*inscrire* einschreiben
envoyer schicken j'**enverrai**	j' **envoie** ns envoyons ils envoient	j' envoyais que j' **envoie** que ns envoyions qu' ils envoient	j' envoyai j' ai envoyé	*renvoyer* zurück- schicken
éteindre auslöschen j'éteindrai	j' **éteins** il éteint ns **éteignons** ils éteignent	j' éteignais que j' éteigne	j' éteignis j' ai **éteint**	*s'éteindre* ausgehen, verlöschen (Licht)

Infinitiv **Futur**	**Präsens**	**Imparfait** **Subjonctif**	**Passé simple** **Passé composé**	**Ebenso**
faire machen, tun	je **fais** ns **faisons** [fəzõ] vs **faites** ils **font**	je faisais	je **fis**	*satisfaire* zufrieden- stellen
je **ferai** [ʒəf(ə)rɛ]		que je **fasse**	j' ai **fait**	
falloir nötig sein	il **faut**	il **fallait**	il fallut	
il **faudra**		qu' il **faille**	il a **fallu**	
fuir fliehen, meiden	je **fuis** ns fuyons ils fuient	je fuyais	je **fuis**	*s'enfuir* entfliehen
je fuirai		que je **fuie** que ns fuyions qu' ils fuient	j' ai **fui**	
joindre verbinden	je **joins** ns **joignons** ils joignent	je joignais	je joignis	*rejoindre qn.* sich zu jmd. gesellen
je joindrai		que je joigne	j' ai **joint**	
lire lesen	je **lis** ns lisons ils lisent	je lisais	je **lus**	*élire* wählen
je lirai		que je lise	j' ai **lu**	
mettre setzen, legen, stellen	je **mets** ns mettons ils mettent	je mettais	je **mis**	*admettre* zugeben *permettre* erlauben
je mettrai		que je mette	j' ai **mis**	
mourir sterben	je **meurs** ns **mourons** ils **meurent**	je mourais	je **mourus**	
je **mourrai**		que je **meure** que ns **mourions** qu' ils **meurent**	je suis **mort**	
naître geboren werden	je **nais** il **naît** ns naissons ils naissent	je naissais	je **naquis**	
je naîtrai		que je naisse	je suis **né**	

Infinitiv **Futur**	**Präsens**	**Imparfait** **Subjonctif**	**Passé simple** **Passé composé**	**Ebenso**
offrir anbieten, schenken j'offrirai	j' **offre** ns offrons ils offrent	j' offrais que j' offre	j' offris j' ai **offert**	
ouvrir öffnen j'ouvrirai	j' **ouvre** ns ouvrons ils ouvrent	j' ouvrais que j' ouvre	j' ouvris j' ai **ouvert**	*rouvrir* wieder(er)öffnen
paraître erscheinen je paraîtrai	je **parais** il paraît ns paraissons ils paraissent	je paraissais que je paraisse	je **parus** j' ai **paru**	*apparaître* auftauchen *disparaître* verschwinden
plaindre beklagen je plaindrai	je **plains** ns **plaignons** ils plaignent	je plaignais que je plaigne	je plaignis j' ai **plaint**	
plaire gefallen je plairai	je **plais** il plaît ns plaisons ils plaisent	je plaisais que je plaise	je **plus** j' ai **plu**	*déplaire* mißfallen
pleuvoir regnen il pleuvra	il **pleut**	il pleuvait qu' il pleuve	il **plut** il a **plu**	
pouvoir können je **pourrai**	je **peux** il peut ns **pouvons** ils **peuvent**	je pouvais que je **puisse**	je **pus** j' ai **pu**	
prendre nehmen je prendrai	je **prends** il prend ns **prenons** ils **prennent**	je prenais que je **prenne** que ns **prenions** qu' ils **prennent**	je **pris** j' ai **pris**	*apprendre* lernen, erfahren *comprendre* verstehen

Infinitiv	**Präsens**	**Imparfait**	**Passé simple**	**Ebenso**
Futur		**Subjonctif**	**Passé composé**	
recevoir empfangen	je **reçois** ns **recevons** ils **reçoivent**	je recevais	je **reçus**	
je recevrai		que je **reçoive** que ns **recevions** qu' ils **reçoivent**	j' ai **reçu**	
résoudre beschließen	je **résous** ns **résolvons** ils résolvent	je résolvais	je **résolus**	
je résoudrai		que je résolve	j' ai **résolu**	
rire lachen	je **ris** ns rions [rijõ] ils rient	je riais ns r**i**ions [rijõ]	je ris	*sourire* lächeln
je rirai		que je **rie** que ns r**i**ions	j' ai **ri**	
savoir wissen	je **sais** ns **savons** ils savent	je savais	je **sus**	
je **saurai**		que je **sache**	j' ai **su**	
	Imper.: sache/sachez	**Part. I: sachant**		
souffrir leiden, dulden	je **souffre** ns souffrons ils souffrent	je souffrais	je souffris	
je souffrirai		que je souffre	j' ai **souffert**	
suffire genügen	je **suffis** ns suffisons ils suffisent	je suffisais	je suffis	
je suffirai		que je suffise	j' ai **suffi**	
suivre folgen	je **suis** ns suivons ils suivent	je suivais	je suivis	*poursuivre* verfolgen
je suivrai		que je suive	j' ai **suivi**	
se taire schweigen	je me **tais** ns ns taisons ils se taisent	je me taisais	je me **tus**	*taire qc* etw. ver- schweigen
je me tairai		que je me taise	je me suis **tu**	

Infinitiv / **Futur**	**Präsens**	**Imparfait** / **Subjonctif**	**Passé simple** / **Passé composé**	**Ebenso**
tenir halten je **tiendrai**	je **tiens** ns **tenons** ils **tiennent**	je **tenais** que je **tienne** que ns **tenions** qu' ils **tiennent**	je **tins** ns **tînmes** ils **tinrent** j' ai **tenu**	*appartenir* gehören *contenir* enthalten *obtenir* erhalten
vaincre besiegen je vaincrai	je **vaincs** [vɛ̃] il vain**c** ns vain**qu**ons ils vainquent	je vainquais que je vainque	je vainquis j' ai **vaincu**	*convaincre* überzeugen
valoir gelten il **vaudra**	il **vaut** ils **valent**	il valait qu' il **vaille**	il valut il a **valu**	
venir kommen je **viendrai**	je **viens** ns **venons** ils **viennent**	je venais que je **vienne** que ns **venions** qu' ils **viennent**	je **vins** [vɛ̃] ns **vînmes** [vɛ̃m] ils **vinrent** je suis **venu**	*devenir* werden *se souvenir* sich erinnern
vivre leben je vivrai	je **vis** ns vivons ils vivent	je vivais que je vive	je **vécus** j' ai **vécu**	*survivre* überleben
voir sehen je **verrai**	je **vois** ns voyons ils voient	je voyais que je **voie** que ns voyions qu' ils voient	je **vis** j' ai **vu**	*revoir* wiedersehen
vouloir wollen je **voudrai**	je **veux** ns **voulons** ils **veulent**	je voulais que je **veuille** que ns **voulions** qu' ils **veuillent**	je voulus j' ai **voulu**	

Kapitel 10: Die Wertigkeit der Verben
(La valence des verbes)

Die Wertigkeitsstufen

§ 98

1. Das Verb kann Ergänzungen an sich binden (vgl. § 5). Je nach der Anzahl der Subjekt- und Objektergänzungen werden verschiedene **Wertigkeitsstufen** unterschieden.

Subjektergänzung	**Verb**	**Objektergänzungen** (direkt und indirekt)		**Wertigkeitsstufen**
	Il neige. Il pleut.			**nullwertig** (keine Ergänzung) (*Il* ist unpersönlich.)
Le soleil Jean	brille. est arrivé (à la gare).			**einwertig** (eine Ergänzung) (*à la gare* ist eine nicht notwendige Ortsbestimmung.)
Luc Martine	regarde répond	une photo. à une lettre.		**zweiwertig** (zwei Ergänzungen)
Le facteur Jean	montre donne	la lettre la photo	à ma mère. à son amie.	**dreiwertig** (drei Ergänzungen)

2. **Objektergänzungen** können sein:

Pierre		a acheté	**un livre.**	– **Nomen,**
Il	**s'**	est acheté	un roman policier.	– **Objektpronomen** und
Il	**le**	prêtera	à ses copains.	
Jacques		aime	**faire** du sport.	– **Objektsätze** – Infinitivsätze
Il		m'a dit	**qu'**il préférait le foot.	– *que*-Sätze.

3. Manche Verben haben neben Subjekt- oder Objektergänzungen andere Ergänzungen notwendig bei sich, z. B.

Je		vais	**à la gare.**	*aller:*	einwertig	+ **Ortsbestimmung**
On	l'	a nommé	**préfet.**	*nommer:*	zweiwertig	+ **prädikative Ergänzung**
Il	l'	a rendue	**heureuse.**	*rendre:*	zweiwertig	+ **prädikative Ergänzung**
Il	se	comporte	**bien.**	*se comporter:*	zweiwertig	+ **Adverb**

Beachte bei den Ergänzungen mit *à* die Verwendung der Pronomen:
Indirekte Personenobjekte mit *à* werden durch die indirekten Objektpronomen vertreten (vgl. §§ 42 + 43): Tu écris **à ton ami?** — Oui, je **lui** écris.... ihm.
Indirekte Sachobjekte und Ortsbestimmungen mit *à* werden durch das Pronominaladverb *y* vertreten (vgl. § 45): – Tu répondras **à ma lettre?** – **J'y** répondrai. ... darauf
– Tu vas **à Paris?** – **J'y** vais. ... dorthin

Wertigkeit im Französischen und im Deutschen

In den meisten Fällen stimmt die Wertigkeit der französischen und der deutschen Verben überein. Die folgenden Unterschiede sind jedoch zu beachten.

1. Verben mit direktem Objekt im Französischen

Je ne **crois** pas **ce témoin.** — Ich glaube diesem Zeugen nicht.
Tu ne veux pas **aider ton frère?** — Willst du deinem Bruder nicht helfen?

aider	qn	jdm helfen	rappeler	qc à qn	jdn an etw. erinnern
assister	qn	jdm helfen	se rappeler	qc	sich an etw. erinnern
croire	qn	jdm glauben	remercier	qn	jdm danken
écouter	qn	jdm zuhören	suivre	qn	jdm folgen

2. Verben mit indirektem Objekt ‹à› im Französischen

Il n'a pas **répondu à** ma lettre. — ... meinen Brief ...
Je ne m'**intéresse** pas **à** la musique moderne. — ... für moderne Musik ...

mentir	**à**	qn	jdn belügen	répondre	**à**	qc	etw. beantworten
manquer	**à**	qc	etw. vernachlässigen	s'intéresser	**à**	qc	sich für etw. interessieren

3. Verben mit indirektem Objekt ‹de› im Französischen

J'**ai besoin de** ton aide. — Ich brauche deine Hilfe.
Il **est mort d'**un cancer. — Er ist an Krebs gestorben.

s'apercevoir	**de**	qc	etw. bemerken	profiter	**de**	qc	etw. ausnutzen
s'approcher	**de**	qn	sich jdm nähern	se souvenir	**de**	qc	sich an etw. erinnern
avoir besoin	**de**	qc	etw. brauchen				
douter	**de**	qc	an etw. zweifeln	charger qn	**de**	qc	jdn mit etw. beauftragen
se douter	**de**	qc	etw. ahnen	couvrir qn	**de**	qc	jdn mit etw. bedecken
jouir	**de**	qc	etw. genießen	entourer qn	**de**	qc	jdn mit etw. umgeben
manquer	**de**	qc	es fehlt an ...	guérir qn	**de**	qc	jdn von etw. heilen
mourir	**de**	qc	an etw. sterben	prévenir qn	**de**	qc	jdn vor etw. warnen
s'occuper	**de**	qc	sich mit etw. beschäftigen	remplir qc	**de**	qc	etw. mit etw. füllen

4. Verben mit persönlichem Subjekt im Französischen

J'ai chaud/froid.	**Mir** ist warm / kalt.	**Je** vais bien. **Je** me porte bien.	**Mir** geht es gut.
Je suis arrivé/ **J'**ai réussi à le convaincre.	**Mir** ist es gelungen, ihn zu überzeugen.	**Vous** manquez d'expérience.	**Es fehlt** Ihnen an Erfahrung.

Wechselnde Wertigkeiten § 100

Folgende wichtige Verben wechseln mit der Wertigkeit und der Objektstruktur ihre Bedeutung. (Die Zahlen in Klammern geben die jeweilige Wertigkeit an.)

1. changer

Le temps a changé.	*changer*	(1)	sich ändern
J'ai changé **de chemise / d'avis.**	*changer de qc*	(2)	etw. wechseln, ändern
Attends. **Je** vais vite **me** changer.	*se changer*	(2)	sich umziehen
J'ai changé **1.000 francs / les pneus.**	*changer qc*	(2)	umwechseln, auswechseln

2. croire

Mon copain ne **me** croit plus.	*croire qn/qc*	(2)	jdm / etw. glauben
Je ne crois pas **au Père Noël.**	*croire à qn*	(2)	an jdn glauben
Certaines gens ne croient pas **en Dieu.**	*croire en Dieu*	(2)	an Gott glauben
Je te croyais **mon ami.**	*croire qn qc*	(3)	halten für

Beachte: Bei *croire* jdm / etw. glauben können keine zwei Objektpronomen stehen:
Je **te** crois ... dir. Je **le** crois ... es. — Je crois **ce que tu dis.** Ich glaube **es dir.**

3. demander

Je demande **une récompense.** **On vous** demande au téléphone.	*demander qc/qn*	(2)	etw. verlangen, nach jdm fragen
Je voudrais demander **un petit service à M. Leroc.**	*demander qc à qn*	(3)	jdn nach etw. fragen, um etw. bitten

4. jouer

Nous avons joué **au football.**	*jouer à qc*	(2)	ein Spiel spielen
Ma sœur joue **du violon.**	*jouer de qc*	(2)	ein Instrument spielen

5. parler

Tu parles toute la journée. **Mon père** parle **plusieurs langues.** **Je** ne **lui** parle plus. Je vois que **vous** parlez **avec des amis.** **On** a parlé **de ton frère/de ton voyage.** Parle-**nous de tes vacances.** **Aber:** Raconte-moi ton voyage.	*parler* *parler qc* *parler à qn* *parler avec qn* *parler de qn/de qc* *parler de qc à qn* *raconter qc*	(1) (2) (2) (2) (2) (3) 	reden, sprechen eine Sprache sprechen mit/zu jdm sprechen s. mit jdm unterhalten über jdn/etw. sprechen jdm von etw. erzählen von etw. erzählen

6. servir

Je vous sers tout de suite. **Cela** ne sert **à rien.** **Je te** sers **une bière?** **Cela vous** servira **de leçon.** La voiture, **je** ne **m'en** sers plus.	*servir qn* *servir à qc* *servir qc à qn* *servir à qn de qc* *se servir de qc*	(2) (2) (3) (3) (3)	jdn bedienen, jdm dienen zu etw. nützlich sein jdm etw. servieren jdm als etw. dienen etw. benutzen

Wertigkeit und wechselnder Gebrauch von ‹avoir› und ‹être› § 101

Einige Verben, die einwertig eine Bewegungsrichtung bezeichnen, können auch zweiwertig, d. h. mit Objektergänzung, verwendet werden. Sie wechseln dann ihre Bedeutung und werden in den zusammengesetzten Zeiten mit *avoir* konjugiert.

Je	**suis descendue** au rez-de-chaussée.		*descendre*	hinabgehen/-steigen
J'	**ai descendu**	**le vin à** la cave.	*descendre qc*	etw. hinuntertragen/-bringen
Nous	**étions montés** dans le train.		*monter*	hinaufgehen/-steigen auf-/einsteigen
Tu	**as monté**	**le courrier?**	*monter qc*	etw. hinauftragen
Mon frère	**rentre** toujours tard.		*rentrer*	nach Hause kommen
Je	**rentre**	**la voiture.**	*rentrer qc*	etw. hineinbringen
Je	**retournerai** bientôt dans mon pays.		*retourner*	um-/zurückkehren
Je	**retourne**	**mes poches.**	*retourner qc*	etw. umdrehen
Ma femme	**est sortie** en ville.		*sortir*	hinaus-/ausgehen
J'	**ai sorti**	**la voiture.**	*sortir qc*	etw. herausholen

Die reflexiven Verben (Les verbes pronominaux)

Die Form der reflexiven Verben § 102

se laver (laver qn)				se laver qc (laver qc à qn)				
Je	**me**	lave.	Ich wasche	Je	**me**	lave	**les mains.**	Ich wasche
Tu	**te**	laves.	**mich.**	Tu	**te**	laves	**les mains.**	**mir** die Hände.
Il	**se**	lave.		Il	**se**	lave	**les mains.**	
Nous	**nous**	lavons.		Nous	**nous**	lavons	**les mains.**	
Vous	**vous**	lavez.		Vous	**vous**	lavez	**les mains.**	
Ils	**se**	lavent.		Ils	**se**	lavent	**les mains.**	
	dir. O.				ind. O.		dir. O.	

1. Reflexive Verben haben als Objektergänzung immer ein Reflexivpronomen (vgl. § 44).
   Reflexive Verben sind also **mindestens zweiwertig.**
   Das Reflexivpronomen richtet sich nach dem Subjekt.
   Es kann direktes oder indirektes Objekt sein. In Sätzen mit einem weiteren Objekt ist es immer indirektes Objekt.

Je	me	**suis**	**lavé(e).**	Je	me	**suis**	lavé les mains.
Elle	s'	**est**	**lavée.**	**Elle**	s'	**est**	lavé les mains.
			...				...

2. Reflexive Verben bilden die zusammengesetzten Zeiten mit *être.*
   Zur Veränderlichkeit des Partizip II vgl. § 95.

Der Gebrauch der reflexiven Verben § 103

1. Verben mit reflexivem und nicht-reflexivem Gebrauch

Jacques	cache **son argent.** ... versteckt sein Geld.	Pierre	regarde **les touristes.** ... betrachtet **die Touristen.**
Il **se**	cache. ... versteckt sich.	Il **se**	regarde dans la glace. ... betrachtet **sich** im Spiegel.

Wie im Deutschen können im Französischen viele Verben transitiv und reflexiv verwendet werden, ohne dabei ihre Bedeutung zu verändern.

Mon ami **s'appelle** Pierre, mais on **l'appelle** le plus souvent Pierrot.	Mein Freund **heißt** Pierre, aber wir **nennen** ihn meist Pierrot.

Bei einigen Verben haben die transitive und die reflexive Form im Deutschen verschiedene Entsprechungen.

Unterscheide:

s'appeler	heißen	appeler qn	rufen, nennen
s'arrêter	anhalten	arrêter qn	anhalten, festhalten
s'attendre à qc	auf etw. gefaßt sein	attendre qc	etw. erwarten
se coucher	sich hinlegen, zu Bett gehen	coucher qn	jdn hinlegen, ins Bett bringen
s'endormir	einschlafen	endormir qn	jdn einschläfern
s'éteindre	erlöschen	éteindre qc	etw. auslöschen
se lever	aufstehen	lever qc	etw. er-/aufheben
se mettre à faire qc	anfangen, etw. zu tun	mettre qc	etw. hinsetzen/-stellen/-legen/-hängen
se promener	spazieren gehen	promener qn	jdn spazieren führen
se réveiller	aufwachen	réveiller qn	jdn aufwecken
se terminer	zu Ende gehen	terminer qc	etw. beenden
se tromper	sich irren	tromper qn	jdn täuschen, betrügen

2. Verben, die nur reflexiv gebraucht werden

Je **m'en vais** tout de suite, si **tu te moques** de moi.		Ich gehe sofort (weg), wenn du dich über mich lustig machst.	
s'écrier	ausrufen	se méfier	mißtrauen
s'en aller	(weg-)gehen	se moquer de	sich lustig machen
s'envoler	wegfliegen	se réfugier	(sich) flüchten
se dépêcher	sich beeilen	se souvenir de	sich erinnern

Beachte: Einige Verben, die im Französischen nicht reflexiv gebraucht werden, haben im Deutschen eine reflexive Entsprechung, z. B.

avoir honte sich schämen   bouger sich bewegen   changer sich ändern

Reflexive Verben mit passivem Sinn vgl. § 134.

Der Infinitiv als Verbergänzung (L'infinitif complément du verbe) § 104

	Infinitiv			Objekt	
Les ouvriers arrêtent	**de**	**travailler.**	Les ouvriers arrêtent	**le**	**travail.**
Pierre se met	**à**	**travailler.**	Pierre se met	**au**	**travail.**
Il aime		**travailler.**	Il aime	**le**	**travail.**

Auf eine Reihe von Verben kann als Ergänzung ein Infinitiv folgen, der mit *de, à* oder ohne Präposition angeschlossen wird.
Dieser Infinitiv steht in vielen Fällen an der Stelle des direkten oder des indirekten Objekts.

Der Infinitiv ohne Präposition

Ohne Präposition steht der Infinitiv nach folgenden Verben:

1. Nach den Modalverben

— Tu **sembles être** fatigué. — Oui, je ne **peux** plus **dormir** à cause du bruit.	Du scheinst müde zu sein. Ja, ich kann wegen des Lärms nicht mehr schlafen.

devoir	faire qc	müssen / sollen
oser	faire qc	wagen
savoir	faire qc	können, es verstehen
pouvoir	faire qc	können / dürfen
sembler	faire qc	scheinen
paraître	faire qc	scheinen

Ebenso die Verben des **Meinens** und **Denkens:**

compter	faire qc	beabsichtigen
croire	faire qc	glauben
espérer	faire qc	hoffen
penser	faire qc	(ge-)denken, vorhaben, vgl. § 106
se rappeler	avoir fait qc	sich erinnern
reconnaître	avoir fait qc	eingestehen, zugeben

Beachte:

Sembler und *paraître* können auch unpersönlich verwendet werden:
— Tu vas à la piscine? — **Il** (me) **semble / Il** (me) **paraît** y avoir du monde.

2. Nach ‹faire› und ‹laisser›

— Tu as **fait venir** l'électricien? — Oui, parce que tu ne m'as pas **laissé réparer** les lampes moi-même.	faire faire laisser faire	veranlassen zulassen

Beachte:

1. Stehen bei *laisser* + Infinitiv zwei Objekte, so sind **beide Objekte direkt.** Sind beide Objekte durch Pronomen vertreten, so steht ein direktes Objektpronomen für Sachen, ein indirektes Objektpronomen für Personen.

   Je laisse **ma fille** conduire **la voiture.**
   Je **la lui** laisse conduire même en ville.

2. Stehen bei *faire* + Infinitiv zwei Objekte, so ist das **Personalobjekt indirekt:**

   Je fais laver **la voiture à / par mon fils.**
   Je **la lui** fais laver régulièrement.

   Je fais travailler **les enfants.**
   Je **les** fais travailler chaque jour.

3. Nach den Verben der Wahrnehmung

Je ne vous **ai** pas **entendus sonner.** Je vous **ai** pourtant **vus monter** la rue.	Ich habe euch nicht klingeln hören. Ich habe ... heraufkommen sehen.

entendre	qn	faire qc	hören	écouter	qn	faire qc	(zu-)hören
regarder	qn	faire qc	(zu-)sehen	sentir	qn	faire qc	fühlen, (wie jemand) etw. macht
voir	qn	faire qc	sehen				

Zur Stellung der Pronomen bei *faire, laisser* und den Verben der Wahrnehmung vgl. § 48.

4. Nach (meist intransitiven) Verben der Bewegung

Nous **allons voir** le dernier film de Truffaut. Vous **venez prendre** un pot avec nous après le film?	... gehen ... anschauen ... kommt ... einen trinken?

aller	faire qc	gehen	passer		faire qc	vorbeikommen
s'en aller	faire qc	weggehen	venir		faire qc	kommen
descendre	faire qc	herunterkommen/gehen	sortir		faire qc	hinausgehen
			Und:			
monter	faire qc	heraufkommen/gehen	envoyer	**qn**	faire qc	jdn schicken, etw. zu tun

Zur Verwendung von *aller faire qc* als *futur composé* vgl. § 116.

Beachte: Bei den meisten dieser Verben kann auch der Infinitiv mit *pour* stehen:
— Pourquoi es-tu descendu? — Je suis descendu **pour** acheter le journal.

5. Nach den Verben der Willensäußerung

— Vous **aimeriez sortir** ce soir? — Non. Je **préfère rester** à la maison.	Möchten Sie heute abend ausgehen? Nein. Ich ziehe es vor, zu Hause zu bleiben.

aimer	faire qc	gern tun	vouloir	faire qc	wollen
aimer mieux	faire qc	lieber wollen	vouloir bien	faire qc	damit einverstanden sein
désirer	faire qc	wünschen			
détester	faire qc	nicht leiden können	**Und:**		
			il faut	faire qc	man muß, es ist nötig
préférer	faire qc	vorziehen	il vaut mieux	faire qc	es ist besser

Der Infinitiv mit ‹à› § 106

Les Petit nous	ont **invités**	**à**	venir chez eux.	... eingeladen, ... zu kommen.
Ils nous	ont **autorisés**	**à**	amener nos enfants.	... erlaubt, ... mitzubringen.
Cela nous	a **décidés**	**à**	accepter.	... veranlaßt, zuzustimmen.
Nicole	**apprend**	**à**	conduire.	... lernt Auto fahren.
Elle	**demande**	**à**	avoir son permis le plus vite possible.	... möchte ... machen.

Der Infinitiv mit *à* steht nach folgenden wichtigen Verben:

apprendre	**à**	faire qc	lernen	continuer	**à**	faire qc	fortfahren
apprendre			jdm etw. bei-	demander	**à**	faire qc	verlangen
à qn	**à**	faire qc	bringen	hésiter	**à**	faire qc	zögern
arriver	**à**	faire qc	es gelingt jdm,	penser	**à**	faire qc	daran denken
réussir	**à**	faire qc	etw. zu tun				(vgl. § 105,1)
avoir	**à**	faire qc	etw. zu tun	renoncer	**à**	faire qc	verzichten
			haben	servir	**à**	faire qc	dienen
chercher	**à**	faire qc	versuchen	tenir	**à**	faire qc	Wert darauf
commencer	**à**	faire qc	beginnen				legen, etw.
							zu tun

aider qn	**à**	faire qc	jdm helfen	s'amuser	**à**	faire qc	sich die Zeit
autoriser qn	**à**	faire qc	jdn ermächtigen				vertreiben/
condamner qn	**à**	faire qc	jdn verurteilen				Spaß machen
décider qn	**à**	faire qc	jdn veranlassen	s'attendre	**à**	faire qc	gefaßt sein auf
forcer qn	**à**	faire qc	jdn zwingen	se décider	**à**	faire qc	s. entscheiden
habituer qn	**à**	faire qc	jdn gewöhnen				(vgl. § 107)
inviter qn	**à**	faire qc	jdn einladen	se forcer	**à**	faire qc	s. zwingen
obliger qn	**à**	faire qc	jdn verpflichten	s'habituer	**à**	faire qc	s. gewöhnen
préparer qn	**à**	faire qc	jdn vorbereiten	se mettre	**à**	faire qc	beginnen
passer / perdre			seine Zeit ver-	s'occuper	**à**	faire qc	s. beschäftigen
son temps	**à**	faire qc	bringen / verlie-	se plaire	**à**	faire qc	Gefallen finden
			ren mit	se préparer	**à**	faire qc	s. vorbereiten
				se résoudre	**à**	faire qc	s. entschließen

Unterscheide:

obliger qn **à** faire qc forcer qn **à** faire qc	jdn zwingen (zu)	être obligé **de** faire qc être forcé **de** faire qc	gezwungen sein (zu)

Der Infinitiv mit ‹de› § 107

Der Infinitiv mit *de* steht bei der **Mehrzahl** der französischen Verben. Er steht

1. an Stelle des **direkten Objekts** *(arrêter qc,* etc.):
Jean a **arrêté de** travailler chez nous. ... hat aufgehört, bei uns zu arbeiten.

arrêter	**de**	faire qc	aufhören	commander	à qn	**de**	faire qc	befehlen
cesser	**de**	faire qc	aufhören	défendre	à qn	**de**	faire qc	verbieten
finir	**de**	faire qc	aufhören	demander	à qn	**de**	faire qc	bitten, verlangen
choisir	**de**	faire qc	wählen	dire	à qn	**de**	faire qc	auffordern
craindre	**de**	faire qc	fürchten	empêcher	qn	**de**	faire qc	hindern
essayer	**de**	faire qc	versuchen	interdire	à qn	**de**	faire qc	verbieten
éviter	**de**	faire qc	vermeiden	offrir	à qn	**de**	faire qc	anbieten
oublier	**de**	faire qc	vergessen	permettre	à qn	**de**	faire qc	erlauben
refuser	**de**	faire qc	sich weigern	promettre	à qn	**de**	faire qc	versprechen
regretter	**de**	faire qc	bedauern	proposer	à qn	**de**	faire qc	vorschlagen
risquer	**de**	faire qc	Gefahr laufen	rappeler	à qn	**de**	faire qc	erinnern

2. an Stelle eines **präpositionalen Satzgliedes** mit *de (parler de qc,* etc.)
Jacques **parle de** partir en voyage. ... hat vor, eine Reise zu machen.

il s'agit	**de**	faire qc	sich handeln um	s'occuper	**de**	faire qc	etw. übernehmen
accuser qn	**de**	faire qc	beschuldigen, anklagen	parler	**de**	faire qc	davon sprechen, vorhaben
décider	**de**	faire qc	beschließen (vgl. § 106)	se plaindre	**de**	faire qc	sich beklagen
excuser qn	**de**	faire qc	entschuldigen	remercier qn	**d'**	avoir fait qc	sich bedanken
s'excuser	**de**	faire qc	sich entschuldigen	**Ebenso:**			
				se dépêcher	**de**	faire qc	sich beeilen
				prier qn	**de**	faire qc	bitten

Unterscheide: finir **de** / commencer **à** faire qc — aufhören / beginnen, etw. zu tun
finir **par** faire qc — etw. zuletzt / als letztes / schließlich tun
commencer **par** faire qc — etw. zuerst / als erstes / anfänglich tun
Commençons / Finissons **par** ranger nos affaires. — Räumen wir zuerst / zuletzt ... auf.

Beachte: Eine Reihe von Nomen können von einem Infinitiv mit *de* ergänzt werden:

avoir **le courage de**	Mut, zu ...	avoir **envie de**	Lust haben, zu ...
avoir **besoin de**	müssen	avoir **peur de**	Angst haben, zu ...
avoir **le droit de**	das Recht haben, zu ...	avoir **le temps de**	Zeit haben, zu ...

Der Infinitivsatz vgl. §§ 151—153.

Kapitel 11:
Die Zeitformen des Verbs (Les temps du verbe) § 108

1. Die grammatischen Zeitformen entsprechen nicht unmittelbar der Zeit, wie sie nach Stunden, Tagen oder Jahren gemessen wird. Sie setzen vielmehr die durch das Verb ausgedrückte **Handlung** in eine **zeitliche Beziehung** zu dem **Zeitpunkt des Sprechens.**

Zeitpunkt des Sprechens

grammatische Zeitformen:	**Hier,** j'**ai travaillé.**	**Aujourd'hui,** je ne **travaille** pas.	**Demain,** je **travaillerai.**
Zeitabschnitte:	Vergangenheit	Gegenwart	Zukunft

2. Handlungen in der Vergangenheit und in der Zukunft können ihrerseits Bezugspunkte für weitere Zeitformen sein.

Zeitpunkt des Sprechens

Vergangenheit Je suis allé chez Jean,	**Zukunft** J'irai voir Jean
vorzeitig	vorzeitig
mais il **était** déjà **parti.** *Plus-que-parfait*	quand j'**aurai terminé** mon travail. Futur II

Plus-que-parfait und Futur II bezeichnen die **Vorzeitigkeit.**

3. Vergangenheit, Gegenwart und Zukunft können durch verschiedene grammatische Zeitformen ausgedrückt werden.

	Vergangenheit		**Zukunft**
Passé composé: *Imparfait:*	Hier, je **suis allé** chez les Dupont. Jean y **était** aussi.	Präsens: Futur I:	— Tu **pars** demain? — Oui, mais je **serai** de retour dans la soirée.

Das Präsens (Le présent) § 109

Der Gebrauch des französischen *présent* stimmt mit dem des deutschen Präsens in allen wesentlichen Punkten überein.

	Es bezeichnet
— Qu'est-ce que tu fais **en ce moment?** — Je **me rase.**	— die Gegenwart;
— Je **suis en train** de me raser.	— die Dauer in der Gegenwart (‚gerade dabei sein');
Je me rase **tous les jours.**	— die Gewohnheit;
Je pars **ce soir même.**	— die Zukunft (mit Zeitangabe);
Figure-toi: hier, j'**arrive** à la gare. Devine qui je **rencontre.** Ton frère.	— die Vergangenheit in lebhafter Schilderung.

Das Präsens gibt von sich aus also keine genaue Zeitstufe an. Welche Zeit gemeint ist, hängt vom Kontext ab.

Die Zeitformen der Vergangenheit (Les temps du passé) § 110

Das Französische kennt vier Zeitformen, die die Vergangenheit bezeichnen:
- das *imparfait (il arrivait);*
- das *passé composé (il est arrivé);*
- das *passé simple (il arriva);*
- das *passé immédiat (il vient d'arriver).*

Passé composé und *imparfait* gehören der geschriebenen und der gesprochenen Sprache an.
Das *passé simple* gehört nur der geschriebenen Sprache an.
Das Verhältnis dieser drei Zeitformen zueinander wird nur im Satzgefüge und im Text sichtbar.

Das ‹passé composé› und das ‹imparfait› § 111

Wenn man im Französischen ein Geschehen erzählt, das sich in der Vergangenheit zugetragen hat, so werden zwei **Sichtweisen** des Geschehens unterschieden.
1) Man erzählt zum einen die Ereignisse, die in klar abgrenzbarer Weise nacheinander passiert sind. Diese Ereignisse bringen den **Ablauf** des Geschehens **in der Zeit** voran. Man kann die Frage stellen: ‚Was geschah (dann)?'
2) Man erwähnt zum anderen Dinge, die die **Begleitumstände** der einzelnen Ereignisse bilden. Anfang und Ende dieser Begleitumstände sind unwichtig. Man kann die Frage stellen: ‚Was war schon? Warum war es so?'

Abweichend vom Deutschen werden im Französischen der zeitliche Ablauf und die Begleitumstände des Geschehens durch verschiedene Zeitformen ausgedrückt. Das *passé composé* stellt den **Ablauf in der Zeit** dar, das *imparfait* die **Begleitumstände.** Maßgebend für die Wahl der beiden Formen ist also nicht der zeitliche Abstand, sondern die Perspektive, der **Aspekt.**

Begleitumstände: *imparfait*	**Ablauf in der Zeit:** *passé composé*
Comme d'habitude, j'**étais** dans le jardin et je ne **faisais** rien,	
Gewohnheit, Zustandsschilderung →	Eintretende Handlung
	quand Alceste **est venu.** Il m'**a dit:** «Viens avec moi!» Moi, je l'**ai** tout de suite **suivi.**
Pendant que nous **marchions,** il **regardait** derrière lui.	
Gleichzeitig ablaufende, nicht nach Anfang oder Ende gesehene Handlung →	Zeitlicher Ablauf neuer Handlungen „Was geschah dann?"
	Enfin, quand on **a tourné** le coin de la rue, Alceste **a sorti** de sa poche un gros cigare. «Regarde, m'**a**-t-il **dit,** c'est un vrai, pas en chocolat!»
Qu'il n'**était** pas en chocolat, il n'**avait** pas besoin de me le dire.	
Kommentar, subjektive Überlegungen →	Und dann?
	«On va le fumer» **a dit** Alceste.
Nous **voulions** déjà entrer dans un jardin isolé,	
Absicht →	Und dann?
	quand Alceste s'**est frappé** le front. «Tu as du feu?» m'**a**-t-il **demandé.**
(D'après Sempé/Goscinny: Le petit Nicolas)	

Das *imparfait* schildert die **Begleitumstände** der Handlung. Dies sind
- gewohnheitsmäßige Handlungen;
- Beschreibungen von Zuständen;
- Kommentare zum Hauptgeschehen;
- Absichtserklärungen.

Das *passé composé* drückt den **zeitlichen Ablauf des Geschehens** aus, d. h. Vorgänge, die
- sich einmal abgespielt haben;
- der Reihe nach, in zeitlicher Abfolge stattgefunden haben.

Beachte:

1. Das *passé composé* wird nicht nur zur Darstellung einer Handlungskette in der Vergangenheit gebraucht. Es steht darüber hinaus (wie das deutsche Perfekt), um eine vergangene Handlung auf den Zeitpunkt des Sprechers zu beziehen.

   — Tu m'**as** bien **expliqué** la leçon. Maintenant, j'**ai compris.**

2. Zum Ausdruck einer unmittelbaren Vergangenheit steht das *passé immédiat:* *venir de* + Infinitiv.

Une cigarette? – Non, merci, je **viens de** fumer. ... habe **gerade** geraucht.
Je **viens de** recevoir ta lettre. Ich habe **eben** deinen Brief bekommen.

Das ‹passé simple› und das ‹imparfait› § 112

In der **gehobenen geschriebenen** Sprache kann die zeitliche Abfolge von Ereignissen statt durch das *passé composé* auch durch das *passé simple* wiedergegeben werden. Es ist die Zeitform der schriftlichen Erzählung und kommt deshalb meistens in der ‚unpersönlichen' 3. Person vor. In Dialogen wird das *passé simple* gemieden. Das *passé simple* findet sich häufig in Romanen und historischen Darstellungen oder auch in Zeitungsartikeln.

Begleitumstände: *imparfait* ‚Was war (schon)? Warum war es so?'	**Ablauf in der Zeit:** *passé simple* ‚Was geschah (dann)?'
Une des plus grandes passions de Pierre, c'**était** l'architecture. Il m'**emmenait souvent** visiter des cathédrales.	● **Un jour,** on **partit** de bonne heure,
parce qu'on **voulait** visiter Reims.	● La journée **fut** (wurde) merveilleuse.
Pourtant, Pierre **semblait** être nerveux.	● **Le soir,** il **eut** (bekam) **soudain** envie de dîner au restaurant. ● Ce soir-là, il me **proposa** de devenir sa femme.

Das ‹plus-que-parfait› § 113

J'**avais achevé** ma lettre, quand il est entré/il entra.	Ich **hatte** meinen Brief **beendet,** als er eintrat.
Il **avait plu** toute la nuit: la route était glissante.	Es **hatte** die ganze Nacht **geregnet:** Die Straße war glatt.

Das *plus-que-parfait* bezeichnet, wie das deutsche Plusquamperfekt, Vorgänge, die zeitlich vor einem anderen Vorgang der Vergangenheit liegen **(Vorvergangenheit).**

Beachte:

In der Vorvergangenheit hat das *passé antérieur* (vgl. Formen §§ 86–92) die Funktion, die das *passé simple* in der einfachen Vergangenheit hat. Das *passé antérieur* ist sehr selten und wird sogar in der geschriebenen Sprache gemieden.

Dès que j'**eus protesté,** il se tut. Kaum hatte ich protestiert, als er auch schon verstummte.

Die Zeitformen der Zukunft (Les temps du futur) § 114

Das Französische hat zwei grammatische Zeitformen, die zukünftige Handlungen bezeichnen:

- das Futur I oder *futur simple (il viendra)* und
- das *futur composé (il va venir).*

Das ‹futur simple› § 115

1. Elle	**viendra**	certainement.	Als Zeitform steht das *futur simple* in Sätzen, die in die Zukunft weisen. Im Deutschen steht meist das Präsens.
Sie	**kommt**	bestimmt.	
J'espère qu'il	**reviendra**	bientôt.	
. . .	**kommt**	bald.	
2. Tu **finiras** d'abord tes devoirs. Vous **copierez** cette page pour demain. Vous me **permettrez** une remarque. Vous **prendrez** bien une tasse de thé?			Als Modalform drückt das *futur simple* — Befehle (vgl. § 130), — höfliche Bitten und — Fragen aus.

On	**sort**	**demain soir?**	Wird der futurische Sinn durch adverbiale Bestimmungen ausgedrückt, so steht besonders in der gesprochenen Sprache häufig das Präsens. Dies ist aber nur bei Personen als Subjekt möglich.
Nous	**partons**	**ce soir?**	
Il	**descend**	**à la prochaine station.**	
Aber: D'après la météo, la pluie	**cessera**	demain.	

Unterschiedlicher Gebrauch von ‹futur simple› und ‹futur composé› § 116

Futur simple und *futur composé* gehören sowohl der geschriebenen als auch der gesprochenen Sprache an. In der geschriebenen Sprache überwiegt das *futur simple.* Beide Zeitformen sind in vielen Fällen austauschbar. In bestimmten Fällen jedoch steht nur die eine oder die andere Form.

Je vais te le dire **tout de suite.** **Maintenant,** il va comprendre. **Attention,** tu vas tomber! Attendez **une minute.** Elle va revenir.	Es steht das *futur composé,* wenn die Zukunft in direkter Beziehung zur Gegenwart gesehen wird. So besonders bei *tout de suite* und *maintenant* oder wenn die Unmittelbarkeit des Geschehens durch den Zusammenhang gegeben ist.

Tu le feras **quand** tu voudras. **Si** vous pouvez vous tirer de cette affaire, j'en serai content. Je serai **toujours** fidèle à mes principes. **Un jour,** tu comprendras pourquoi.	Es steht das *futur simple,* wenn die Zukunft losgelöst von der Gegenwart gesehen wird. So besonders bei *quand,* im Hauptsatz von Bedingungssätzen *(si)* und bei Adverbien wie *un jour, toujours* oder *jamais.*

Das Futur II (Le futur antérieur) § 117

Je **sortirai** quand j'aurai terminé mon travail. ... wenn ich meine Arbeit beendet **habe.** A dix heures, j'**aurai terminé** mon article. ... **bin** ich mit meinem Artikel fertig.	Das **Futur II** bezeichnet Vorgänge, die zeitlich vor einer Handlung oder einem Zeitpunkt der Zukunft liegen. Im Deutschen steht hier meist das Perfekt oder das Präsens.

Das Konditional (Le conditionnel) § 118

Das **Konditional** als **Zeitform** bezeichnet eine von der Vergangenheit her gesehene Zukunft *(futur dans le passé).* Es steht in untergeordneten Sätzen (besonders in der indirekten Rede / Frage; vgl. § 150).
In den meisten Fällen wird das Konditional als **Modalform** verwendet, d. h. es lassen sich damit bestimmte Redeabsichten ausdrücken.

Regarde Claude jouer. Il **serait** un très bon acteur.	Es drückt aus: — eine Annahme (wäre ...);
Je lui **parlerais** bien de mes problèmes.	— einen Wunsch (... möchte ...);
Pourriez-vous m'aider? **Sauriez-vous** m'expliquer cette phrase?	— eine höfliche Bitte oder Frage. (Könnten Sie ...?)

Gleichfalls als **Modalform** steht das Konditional (I + II) in Bedingungssätzen (vgl. § 156).

Der ‹subjonctif› § 119

Anstelle der Zeitformen des Indikativs steht in bestimmten Fällen der *subjonctif.*
Der *subjonctif* hat nicht die Funktion des deutschen Konjunktivs.
Der *subjonctif* steht in den meisten Fällen in *que*-Sätzen. Er wird automatisch durch bestimmte Verben ausgelöst (vgl. § 146 ff.).
Der *subjonctif présent* und der *subjonctif passé* stehen in der **gesprochenen** und in der **geschriebenen** Sprache.
Der *subjonctif imparfait* und das *plus-que-parfait du subjonctif* gehören ausschließlich der **gehobenen geschriebenen** Sprache an. Es wird auch dort meist nur noch die **3. Person** verwendet. (Vgl. die Formen in der Verbübersicht §§ 87—92.)

Kapitel 12: Die Satzarten (Les types de phrases) § 120

Eine Äußerung kann verschiedenen **Satzarten** angehören (vgl. § 2). Es sind zu unterscheiden: **Aussage-, Frage-, Aufforderungs- und Ausrufesatz.** (Zum Ausrufesatz vgl. § 75,3.)

Der Aussagesatz (La phrase déclarative)

Die Satzmelodie im Aussagesatz (L'intonation) § 121

con — tré Pierre ren- ce ma- J'ai tin.	Die Satzmelodie (Intonation) steigt zunächst an und sinkt zum Satzende ab.

Die Wortstellung im Aussagesatz (L'ordre des mots) § 122

1. Sätze mit einem Objekt und adverbialer Bestimmung

	J'	ai rencontré	Pierre.	
	J'	ai rencontré	Pierre	ce matin.
Ce matin,	j'	ai rencontré	Pierre.	
Ce soir,	j'	ai rencontré	Pierre	au théâtre.
	J'	ai rencontré	Pierre	au théâtre ce soir.
adv. Best.	**S**	**V**	**O**	**adv. Best.**

Die normale Reihenfolge der Satzglieder im Aussagesatz ist **S**ubjekt — **V**erb — **O**bjekt.
Adverbiale Bestimmungen stehen am Anfang oder am Ende des Satzes.
Stehen adverbiale Bestimmungen des Ortes und der Zeit zusammen, so steht normalerweise Ort vor Zeit. Zur Stellung der Adverbien vgl. § 76.

2. Sätze mit zwei Objekten und adverbialer Bestimmung

	Je	donne	de l'argent	à mon fils.	
	Je	donne	de l'argent	à mon fils	toutes les semaines.
Toutes les semaines,	je	donne	de l'argent	à mon fils.	
adv. Best.	**S**	**V**	**dir. O**	**ind. O**	**adv. Best.**

Folgen dem Verb zwei Objekte, so steht das direkte Objekt **vor** dem indirekten Objekt.
Zur Stellung der Objektpronomen im Aussagesatz vgl. §§ 46—48.

3. Die Nachstellung des Subjekts (L'inversion du sujet)

Un malheur **est arrivé.** **Il est arrivé** un malheur. 200 francs **manquent.** **Il manque** 200 francs.	Wie im Deutschen ist nach einigen Verben neben der persönlichen Form eine unpersönliche Konstruktion mit *il* als Subjekt möglich. Das **Sinnsubjekt** steht dann **nach** dem Verb. Nach dem grammatischen Subjekt *il* steht das Verb immer im Singular.
«Ce n'est pas vrai!» **dit mon père.** «Dépêche-toi, Nicolas!» m'**a dit papa.** «Qu'est-ce que tu veux?» **ai-je** demandé.	In eingeschobenen Sätzen, besonders nach direkter Rede, steht das Subjekt **nach** dem Verb.

Der Fragesatz (La phrase interrogative) § 123

Es sind zu unterscheiden:

- die **Gesamtfrage** *(interrogation totale)*, die mit *Oui., Non., Si.* oder mit einem ganzen Satz beantwortet wird.
  — Tu veux me rendre un petit service? — **Oui,** (je veux bien).
- die **Teilfrage** *(interrogation partielle)*, die immer durch ein **Fragewort** eingeleitet wird. Die Antwort bezieht sich auf einen **Teil** des Satzes.
  — **Qu'est-ce que** tu prends, du café ou du thé? — **Du café.**

Die Gesamtfrage (L'interrogation totale)

Die Satzmelodie in der Gesamtfrage § 124

Est-ce que tu vien- dras?	Die **Gesamtfrage** hat eine **steigende** Satzmelodie.
Tu vien- dras?	Bei Gesamtfragen ohne *est-ce que* ist dies der einzige Unterschied zum Aussagesatz.

Formen und Gebrauch der Gesamtfrage § 125

1. Vous	avez	une question?	Die **Intonationsfrage** (Aussagesatz mit Frageintonation) ist die häufigste Form der Gesamtfrage in der **gesprochenen** Sprache.
Elle	n'est pas venue?		
Pierre	part	aussi?	

2.	vous	avez		une question?
Est-ce qu'(e)	elle	n'est	pas venue?	
	Pierre	part		aussi?

Die **Umschreibungsfrage** (Voranstellung von *est-ce que;* Wortstellung wie im Aussagesatz) ist in der **gesprochenen** und in der **geschriebenen** Sprache möglich.

3.		Pouvez	-	**vous**		me donner son adresse?
	Ne	voit	-	**il**	pas	que c'est dangereux?
		A	-t-	**on**		trouvé la victime?
		Est	-	**ce**		bien vrai?
		Avez	-	**vous**		une question?
		Es	-	**tu**		prête?
		Verb		**Pron.**		

Die **Inversionsfrage** (Stellung des Subjekts nach der Personalform des Verbs) kann verwendet werden, wenn das **Subjekt ein Pronomen** ist.
Sie ist **vor allem** eine Form der **geschriebenen** Sprache.
In der **gesprochenen** Sprache wird sie vor allem bei *avoir* und *être* verwendet.
Beachte das **Bindungs-t** vor Personalpronomen, die mit Vokal beginnen.

4.	**Les enfants**	ont	-	**ils**		mangé?
	Le train	a	-t-	**il**		du retard?
	Cette lettre	n' est	-	**elle**	pas	trop lourde?
	Nomen	**Verb**		**Pron.**		

Die **absolute Fragestellung** (Wiederaufnahme des Nomens durch ein Pronomen nach dem Verb) kann verwendet werden, wenn das **Subjekt ein Nomen** ist.
Sie ist **ausschließlich** eine Form der **geschriebenen** Sprache.
Die gesprochene Sprache zieht die Intonations- oder die Umschreibungsfrage vor.

Die Teilfrage (L'interrogation partielle)

Die Satzmelodie in der Teilfrage § 126

Où est ton frère?	Die Teilfrage mit dem **Fragewort am Anfang** hat eine **fallende** Satzmelodie.
Tu viendras quand?	Steht das **Fragewort am Ende,** so hat es den **höchsten** Ton.

Formen und Gebrauch der Teilfrage

1. Fragen nach dem Subjekt (vgl. § 55)

Personen		**Sachen**		
Qui	a téléphoné?	Qu'est-ce qui	se	passe?
Qui est-ce qui	a téléphoné?	Qu'est-ce qui	vous	intéresse?

Bei Fragen nach dem Subjekt steht die normale Reihenfolge **S**ubjekt — **V**erb. Das Interrogativpronomen nimmt die Stelle des Subjekts ein.

2. Fragen nach dem Objekt (vgl. § 55)

Personen									
Tu cherches qui?	Qui	est-ce que	tu	cherches?	Qui	cherches	- tu?
Tu penses à qui?	A qui	est-ce que	tu	penses?	A qui	penses	- tu?
Sachen							
Jean a dit quoi?	Qu'	est-ce que	Jean	a dit?	Qu'	a dit	Jean?
Il pense à quoi?	A quoi	est-ce qu'	il	pense?	A quoi	pense	- t -il?
Intonation	**Umschreibung**				**Inversion**		
Nur gesprochen	*Gesprochene und geschriebene Sprache*						

Beachte:

Nach *qui* als Objekt und einem Nomen als Subjekt kann keine einfache Inversion erfolgen. Es steht entweder die Intonationsfrage, die Umschreibung mit *est-ce que* oder die absolute Fragestellung (nur in geschriebener Sprache; vgl. § 125,4).

Ton père a consulté **qui?**
Qui est-ce que ton père a consulté?
Qui ton père a-t-il consulté?
} Wen hat dein Vater um Rat gefragt?

3. Fragen nach adverbialen Bestimmungen

Ton frère arrivera **quand?**	**Quand est-ce que** ton frère arrivera?	**Quand arrivera ton frère?**	**Quand ton frère** arrivera-**t-il?**
Vous allez **où?**	**Où est-ce que** vous allez?	**Où allez-vous?**	———
Intonation	**Umschreibung**	**Inversion**	**absolute Fragestellung** (Subjekt = Nomen)
Nur gesprochen	*Gesprochen und geschrieben*		*Nur geschrieben*

Der Aufforderungssatz (La phrase impérative) § 128

Mit dem Aufforderungssatz läßt sich u. a. ein Befehl (*Viens ici* Komm her), ein Rat (*Sois raisonnable* Sei vernünftig), eine Bitte (*Excusez-moi* Entschuldigen Sie mich) ausdrücken.

Die Satzmelodie im Aufforderungssatz mit Imperativ § 129

As- se- yez- vous.	Par- Tout de tez! suite!	Ein Aufforderungssatz mit dem Imperativ hat eine **fallende** Satzmelodie. Die letzte Silbe trägt den tiefsten Ton und wird stark betont.

Formen und Gebrauch des Aufforderungssatzes § 130

1. Ne parle pas tant. Viens-ici. Passez-lui le sucre. Regardez ce tableau. Rentrons.	Sprich nicht so viel! Komm her! Geben Sie ihm den Zucker. Schaut dieses Bild an! Gehen wir nach Hause.	Aufforderungen an die 2. Person (‚du — ihr/Sie') und an die 1. Person Plural (‚wir') werden durch den **Imperativ** ausgedrückt. (Zur Stellung der Pronomen vgl. § 51.)
2. **Que** personne ne sorte sans ma permission! **Qu'**ils entrent un à un!	Niemand darf ohne meine Erlaubnis hinausgehen. Sie sollen nacheinander hereinkommen.	Aufforderungen an 3. Personen werden durch den *subjonctif* ausgedrückt. Dabei wird der Satz mit *que* eingeleitet.
3. Pour renseignements **s'adresser** au concierge. Ne pas **se pencher** au dehors.	Bitte wenden Sie sich an den Hausmeister. Nicht hinauslehnen.	Bei Aufforderungen an unbestimmte Personengruppen steht der **Infinitiv.**
4. Tu **finiras** d'abord tes devoirs. **Veuillez** vous asseoir. **Veux**-tu enfin te taire? **Si** on **allait** au cinéma? Vous **prenez** la première rue à droite.	Du mußt zuerst deine Hausaufgaben fertigmachen. Bitte setzen Sie sich. Sei doch endlich ruhig. Gehen wir doch ins Kino. Nehmen Sie die erste Straße rechts.	Aufforderungen können auch durch — ein modales **Futur** (vgl. § 115,2); — Umschreibung mit **Modalverben;** — *si*-Satz + *imparfait* (vgl. § 156); — einen einfachen **Aussagesatz** ausgedrückt werden.

Kapitel 13: Die Satzformen (Les formes de phrases) § 131

Sätze weisen bestimmte Satzformen auf, die untereinander kombiniert werden können. Jeder Satz ist gleichzeitig: — **aktiv** oder **passiv**, — **bejahend** oder **verneinend**, — **neutral** oder **hervorhebend.** (Vgl. § 2.)

Aktiv und Passiv (La phrase active et la phrase passive) § 132

1.	On	a trouvé	**la victime**	au bord de la Seine.	**aktiv**
	La victime	**a été trouvée**		au bord de la Seine.	**passiv**

1. Das **direkte Objekt** des **Aktivsatzes** erscheint im **Passivsatz** als **Subjekt.**

2.	**Le juge**	interroge	l'accusé.	**aktiv**
	L'accusé	**est interrogé**	**par le juge.**	**passiv**

2. Das **Subjekt** des **Aktivsatzes** erscheint im **Passivsatz** als **präpositionales Objekt** *(complément d'agent).* Es wird meist mit *par* angeschlossen.
Zur Bildung des Passivs vgl. auch § 96.

Beachte: Im Präsens und im *imparfait* drückt *être* + Partizip II häufig eine Zustandsbeschreibung und keinen Vorgang (Passiv) aus.

La porte est (était) ouverte.
Die Tür ist (war) offen. } **Zustandsbeschreibung**

Diese Formen werden nur bei entsprechenden Ergänzungen als Vorgang verstanden. Dies ist immer der Fall, wenn der Urheber der Handlung genannt wird.

La porte est ouverte **par le concierge.**
Die Tür wird vom Hausmeister geöffnet. } **Vorgang**

Der Gebrauch des Passivs § 133

Das Passiv gehört im wesentlichen der geschriebenen Sprache an.

1. Die Verwendung im unpersönlichen Bericht

Hier soir, trois jeunes gens **ont été blessés** dans un accident de voiture. Ils **ont été transportés** à l'hôpital Saint-Jacques. Leur état **est considéré** comme très sérieux.	Das Passiv wird beim **unpersönlichen Bericht** über Ereignisse (z. B. in Zeitungen) verwendet. In diesem Fall ist der Urheber der Handlung **unbekannt, unwichtig** oder **selbstverständlich.** Das Passiv steht dann ohne das präpositionale Objekt.

Beachte:

Im unpersönlichen Bericht der gesprochenen Sprache wird häufig auch ein Aktiv mit *on* verwendet.

— Tu sais dans quel hôpital **on a transporté** les blessés?

2. Die Verwendung zur Betonung des Urhebers

— C'est une émission de **France-Inter?** — Non. L'émission dont je vous parle **a été diffusée par France-Musique.**	Steht das Passiv mit dem präpositionalen Objekt, so wird, vor allem bei Gegenüberstellung der Urheber besonders betont.

Beachte:

Der Urheber kann auch durch *c'est ... qui ...* hervorgehoben werden (vgl. § 140).

— **C'est** France-Musique **qui** a diffusé cette émission.

3. Die Funktion des Passivs im Text

> L'office franco-allemand pour la jeunesse (l'OFAJ) prépare **un livre** sur les échanges scolaires. **Ce livre sera publié** après Noël.
> Pour faire ce livre, l'OFAJ s'est adressé en France et en Allemagne **à une centaine de jeunes. Ces jeunes ont été interviewés** en octobre.

Im Text hat das Passiv im Wechsel mit dem Aktiv die Funktion, zwei oder mehrere Sätze sinnvoll miteinander zu verbinden. Die im ersten Satz gegebene neue Information (Objektstellung im Aktivsatz) wird im nächsten Satz wieder aufgegriffen und zum Gegenstand einer weiteren Aussage gemacht (Subjektstellung im Passivsatz).

Französische Entsprechungen deutscher Passivformen § 134

1. En Angleterre, **on roule** à gauche.	In England wird links gefahren.
En classe, **on** ne **fume** pas.	In der Klasse darf nicht geraucht werden.
Au Brésil, **on parle** portugais.	In Brasilien wird portugiesisch gesprochen.

Der französischen *on*-Konstruktion entspricht im Deutschen oft ein Passivsatz ohne Subjekt.

2. Le mot *passif* **s'écrit** avec un *f*.	Das Wort *passif* wird mit *f* geschrieben.
La lettre *y* **se prononce** [i].	Der Buchstabe *y* wird [i] ausgesprochen.
Ce journal ne **se lit** presque plus.	Diese Zeitung wird kaum noch gelesen.
Cette expression ne **s'emploie** plus.	Dieser Ausdruck wird nicht mehr verwendet.

Die französische Reflexivkonstruktion kann bei einigen Verben im Deutschen durch einen Passivsatz wiedergegeben werden.

Bejahung und Verneinung §135
(La phrase affirmative et la phrase négative)

Ein bejahender Satz kann durch bestimmte Verneinungselemente in einen verneinenden Satz umgeformt werden.

1.	Je le crois. → Je **ne** le crois **pas.** J' ai pu venir. → Je **n'** ai **pas** pu venir.	... glaube ... ... glaube nicht ... ... habe ... können. ... habe nicht ... können.	Ein ganzer Satz wird in der **geschriebenen** und in der **gehobenen gesprochenen** Sprache durch zwei Elemente, *ne ... pas,* verneint. Vor Vokal wird *ne* zu *n'.*
2.	J'ai **pas** dit ça. C'est **pas** la même chose. Tu viens **pas?**	[ʒepadisa] [sɛpalamɛmʃoz] [tyvjɛ̃pa]	In der **gesprochenen** Sprache steht häufig nur ein Element: *pas* [pa].
3.	— Tu lui as téléphoné? — **Pas** encore.	 Noch **nicht.**	In Sätzen **ohne Verb** steht immer nur *pas.*
4.	Il est **sévère,** **pas** injuste/ **non** injuste.	... streng, **nicht** ungerecht.	Bei der Verneinung eines von zwei Begriffen steht *pas* und nur in gehobener Sprache *non.*

Weitere verneinende und einschränkende Elemente:

Je **n'**ai vu **personne.**	*ne ... personne*	niemanden (Objekt)
Personne ne m'a vu.	*personne ne ...*	niemand (Subjekt)
Il **ne** m'a **rien** dit.	*ne ... rien*	nichts (Objekt)
Rien ne me gêne.	*rien ne ...*	nichts (Subjekt)
Je **ne** connais **aucun** de tes amis.	*ne ... aucun*	keinen (Objekt)
Aucun de tes amis **n'**est venu.	*aucun ... ne ...*	keiner (Subjekt)
	Zu *personne, rien, aucun* vgl. §§ 61 + 62.	
Il **n'**est **plus** très jeune.	*ne ... plus*	nicht mehr
Il **n'**est **jamais** chez lui.	*ne ... jamais*	nie(mals)
Il **ne** va **guère** au cinéma.	*ne ... guère*	kaum
Nous **ne** resterons **que** deux jours.	*ne ... que*	nur
Il **ne** le trouve **nulle part.**	*ne ... nulle part*	nirgends
Il **ne** connaît **ni** l'un **ni** l'autre.	*ne ... ni ... ni*	weder ... noch

Beachte:

1. *Pas, plus, rien* können durch *du tout* verstärkt werden:
   Je **ne** l'aime **pas du tout.** — Ich mag ihn überhaupt nicht.
   Tu as mangé quelque chose? — Non. **Rien du tout.** — Überhaupt nichts.
2. „... auch nicht' heißt ... *non plus.*
   Ich auch. **Moi aussi.** — Ich auch nicht. Moi **non plus.**
   Il n'a rien bu et il n'a **pas** mangé **non plus.** — ... er hat auch nicht gegessen.

Die Stellung der Verneinungselemente

§ 136

1. Je	**ne**		viendrai	**pas.**		Die Verneinungselemente *ne ... pas/plus*/etc. **umschließen** in den einfachen und den zusammengesetzten Formen stets die Gruppe: Objektpronomen + Personalform des Verbs.
Il	**ne**	m'	écrit	**plus.**		
Nous	**ne**	nous	voyons	**jamais.**		
Je	**n'**		ai	**pas**	voulu.	
Il	**ne**	l'	a	**plus**	revue.	
Je	**ne**		voulais	**rien**	savoir.	
	ne	O-pron + P-form		**pas**		

2. J' espère **ne plus entendre** ce mot.	... nicht mehr zu hören.	Bezieht sich die Verneinung auf einen Infinitiv, so steht *ne pas* etc. geschlossen **vor** der Gruppe: Objektpronomen + Infinitiv.
Je n'ai rien dit pour **ne pas** vous **inquiéter.**	... um Sie nicht zu beunruhigen.	

Oui, si, non

§ 137

Die Wörter *oui, si, non* werden in Antworten auf Fragen verwendet. Sie können dabei die Funktion eines Satzes haben.

1. — Vous viendrez ce soir? — **Oui / Non,** monsieur. — Tu as terminé ta lettre? — **Oui / Non,** papa.	 Ja./Nein. Ja./Nein.	Auf eine **positive** Frage wird **bejahend** mit *oui,* **verneinend** mit *non* geantwortet.
2. — Vous viendrez ce soir? — **Bien sûr!** — On va au ciné, ce soir? — **D'accord.**	 Na klar! O. K.	In der **gesprochenen** Sprache wird statt *oui* häufig *bien sûr* und *d'accord* verwendet.
3. — Vous **ne** fumez **pas?** — **Si.** (Je fume même beaucoup.) — Vous **ne** viendrez **pas?** — **Si** (, mais un peu plus tard).	 Doch. Doch.	Auf eine **verneinende** Frage wird **widersprechend** mit *si* geantwortet.

Beachte:

In Abhängigkeit von einem Verb des Sagens und Denkens muß vor *oui/non/si* ein *que* stehen:

— Est-ce qu'il viendra? — Je **crois que oui / non.**

— Il a dit qu'il ne viendrait pas. — Et moi, je vous **dis que si.**

Die Hervorhebung (La mise en relief) § 138

Zur Hervorhebung eines Teils des Satzes bedienen sich das Deutsche und das Französische verschiedener Mittel.
Im Deutschen kann man jedes Wort des Satzes durch **Betonung** hervorheben.
Hast **du** (betont) mich gestern angerufen? Ich dachte, es wäre Karl gewesen.

Im Französischen ist dies nicht möglich. Es muß sich anderer Mittel bedienen.

Die Hervorhebung durch Anfangs- oder Endstellung § 139

1.		Le train	n'était	**heureusement** pas parti.	
	Heureusement,	le train	n'était	pas parti.	
		Le train	n'était	pas parti,	**heureusement.**

Einzelne Teile eines neutralen Satzes können dadurch hervorgehoben werden, daß sie außerhalb des normalen **Satzrahmens** gestellt werden.
Das zu betonende Wort wird durch **Anfangs- oder Endstellung** hervorgehoben.
Außerdem wird die Hervorhebung im **Schriftbild** durch ein **Komma,** im **Lautbild** durch eine entsprechende **Sprechpause** markiert.

2. **Ta mère,**	elle ne le croira jamais.		Soll ein **Nomen** hervorgehoben werden, das **Subjekt oder Objekt** ist, so muß es **innerhalb** des Satzrahmens durch das entsprechende **verbundene** Subjekt- bzw. Objektpronomen vertreten werden.
	Elle ne le croira jamais,	**ta mère.**	
Ce livre,	je l' ai déjà lu.		
	Tu l' as déjà payée,	**ta voiture?**	
Pierre,	je lui écris demain.		
3.	Mais je suis pressé,	**moi.**	Ist das Subjekt oder Objekt ein **Personalpronomen,** so steht **außerhalb** des Satzrahmens das **unverbundene** Personalpronomen. **Innerhalb** des Satzrahmens wird es durch das entsprechende **verbundene** Pronomen vertreten. Vgl. § 50.
Toi aussi,	tu vas être en retard.		
Nous,	on va rester ici.		
	Je te connais,	**toi.**	
Lui,	je ne peux pas le supporter.		

Die so vorgenommene Segmentierung des Satzes *(la phrase segmentée)* ist in der gesprochenen Sprache sehr häufig. Sie findet sich auch außerhalb der bewußten Hervorhebung.
Sie ist ein typisches Satzmuster der **gesprochenen** Sprache.

Die Hervorhebung durch ‹c'est ... qui ...› und ‹c'est ... que ...› § 140

1. C'est ... qui

C'est	**moi**	**qui**	l'	**ai**	vu.	**Ich** habe ihn gesehen.
C'est	**toi**	**qui**	l'	**as**	vu.	**Du** hast ihn gesehen.
C'est	**Pierre**	**qui**	m'	**a**	écrit.	**Pierre** hat mir geschrieben.
C'est / **(Ce sont)**	**eux**	**qui**	l'	**ont**	voulu.	**Sie** haben es gewollt.
C'est	**nous**	**qui**		**voulons**	le savoir les premiers.	**Wir** wollen es als erste wissen.
C'est	**vous**	**qui**		**voulez**	me donner des conseils?	**Sie** wollen mir Ratschläge geben?

Das **Subjekt** kann durch *c'est ... qui* hervorgehoben werden. Bei der Hervorhebung mit *c'est ... qui* werden die **unverbundenen** Personalpronomen verwendet.

C'est moi qui ... steht für *je, c'est toi qui ...* für *tu,* etc. Die Verbform richtet sich nach der betonten Person.

Unterscheide:

C'est moi	qui l'**ai**	fait.	(Verb in der 1. Person)
Ich bin es,	der es	gemacht **hat.**	(Verb in der 3. Person)

2. C'est ... que

C'est	**une moto**	**que**	je veux acheter.	Ich will ein **Motorrad** kaufen.
C'est	**de toi**	**que**	je parle.	Ich spreche **von dir.**
C'est	**à Pierre**	**que**	j'écris cette lettre.	Ich schreibe **Pierre** diesen Brief.
C'est	**hier**	**que**	je l'ai vu.	Ich habe ihn **gestern** gesehen.
C'est	**pour me reposer**	**que**	je suis ici.	Ich bin hier, **um mich auszuruhen.**

C'est ... que hebt **alle Teile** des Satzes hervor, die **nicht Subjekt sind.**

Kapitel 14: **Das Satzgefüge** (La phrase complexe) § 141

Satzteile und ganze Sätze können zu größeren Texteinheiten miteinander verbunden werden. Diese Verbindung kann in unterschiedlicher Weise erfolgen:

1. durch die einfache **Aneinanderreihung** von Sätzen:
   Les enfants dormaient; ils n'ont rien entendu.
2. durch **nebenordnende Verbindung** von Satzteilen und Sätzen **(Koordination):**

Pierre	**et**	**Jean** sont venus.
Je resterai à la maison	**et**	je terminerai mon travail.

3. durch **unterordnende Verbindung** eines Gliedsatzes mit einem übergeordneten Hauptsatz **(Subordination):**

	Comme j'ai du travail,	je ne sors pas.
J'espère	que tu seras de retour ce soir.	
Hauptsatz	**Gliedsatz**	**Hauptsatz**

Nebenordnende Verbindungen (La coordination) § 142

Die Koordination von Satzteilen und Sätzen erfolgt mit Hilfe von **Konjunktionen** (*et, ou, car,* etc.) oder **Adverbien** (*pourtant, donc,* etc.).

Pierre est dynamique **et** intelligent, il fera son chemin.	*et*	und
Il **n'**est **ni** trop âgé **ni** trop bête, il devrait trouver un emploi.	*ne ... ni ... ni*	weder ... noch
Il aimerait travailler dans une banque **ou (bien)** dans une agence de voyages.	*ou (bien)*	oder (aber)
Ou il restera à Paris, **ou** il ira en Alsace.	*ou ... ou (bien)*	entweder ... oder
Jeanne n'est pas belle, **mais** elle est sympathique.	*mais*	aber, jedoch
Parfois elle est découragée, elle ne se plaint **quand même** pas / et **pourtant** elle ne se plaint pas / et **cependant** elle ne se plaint pas.	*quand même* *pourtant* *cependant*	dennoch, trotzdem
C'est étonnant, **car** elle n'a pas la vie rose.	*car*	denn
Elle est gentille, **c'est pourquoi** on l'aime bien.	*c'est pourquoi*	deshalb
Anne lit «Le Monde» tous les jours: **ainsi** elle est toujours bien informée /	*ainsi*	so, auf diese Weise
elle est **donc** toujours bien informée.	*donc*	also
Elle aime seulement la musique classique: **par conséquent,** il ne faut pas lui parler de musique pop.	*par conséquent*	folglich, daher

Unterordnende Verbindungen (La subordination) **§ 143**

Nach ihrer Funktion im Satz und nach ihrer Form unterscheidet man verschiedene Arten von untergeordneten Sätzen:

1. **Relativsätze** *(Les relatives):*

Le sac	**que tu as acheté**	est très joli.

2. **Subjekt- und Objektsätze** *(Les complétives):*

Subjekt: / **Subjektsatz:**

Votre confiance	est importante pour moi.	Il est important	**que vous me fassiez confiance.**
Le sport	est bon pour la santé.	**Faire du sport**	est bon pour la santé.

Objekt: / **Objektsatz:**

J'attends	**ton départ.**	J'attends	**que tu partes.**
Je suis content	**de ton succès.**	Je suis content	**que tu aies réussi.**
J'aime	**les voyages.**	J'aime	**partir en voyage.**

3. **Adverbialsätze** *(Les circonstancielles):*

Adverbiale Bestimmung:	Adverbialsatz:
A la mort de son père,	**Quand son père est mort,**
il avait cinq ans.	il avait cinq ans.
Malgré la pluie,	**Bien qu'il pleuve,**
nous allons sortir.	nous allons sortir.

Die Relativsätze (Les relatives) **§ 144**

Relativsätze werden dem Hauptsatz mit Hilfe eines Relativpronomens (vgl. § 56—60) untergeordnet.
Abgesehen von den durch das neutrale Relativ *ce qui / ce que* eingeleiteten Sätzen (vgl. § 59), sind Relativsätze Ergänzungen eines nominalen Satzgliedes oder eines Pronomens.

Vergleiche:

Vous connaissez	**le monsieur**	**qui** vient de passer? **que** vous voyez là-bas? **dont** nous avons parlé?
Vous connaissez	**quelqu'un**	**qui** pourrait m'aider?

Die Subjekt- und Objektsätze (Les complétives) § 145

Subjekt- und Objektsätze sind Gliedsätze, die an der Stelle eines nominalen Satzgliedes die Subjekt- oder Objektfunktion einnehmen.
Subjekt- und Objektsätze werden dem Hauptsatz untergeordnet:

- am häufigsten mit Hilfe der **Konjunktion** *que* (*que*-Sätze):

J'espère	**que**	tu viendras.	..., **daß** du kommst.
Il est utile	**que**	vous fassiez cela.	..., **daß** Ihr das macht.

- durch **Fragepronomen** oder **Frageadverbien:**

Je te demande	**où**	tu vas.	..., **wohin** du gehst.
	ce qui	s'est passé.	..., **was** passiert ist.
	qui	est venu.	..., **wer** gekommen ist.
	si	tu pars.	..., **ob** du wegfährst.
	comment	tu as trouvé le film.	..., **wie** du ... gefunden hast.

Que-Sätze stehen auch im Sinne einer *de*-Ergänzung nach einigen Adjektiven und Nomen (vgl. § 70 + § 107).

Votre père est **fier**	**que**	vous ayez réussi à votre examen.	
	(de	votre réussite.)	
L'idée	**qu'**	on devra vous accompagner	ne me plaît pas.
	(de	vous accompagner)	

Der Gebrauch des ‹subjonctif› im ‹que-Satz› § 146

Es sind zwei Verwendungen des *subjonctif* zu unterscheiden:

1. In den meisten Fällen wird der *subjonctif* im *que*-Satz durch bestimmte Verben des Hauptsatzes **automatisch** ausgelöst. Eine Wahl zwischen *subjonctif* und Indikativ besteht dann nicht.
2. In wenigen Fällen hat der Sprecher eine Wahlmöglichkeit zwischen *subjonctif* und Indikativ. Hier kann der *subjonctif* eine echte **modale** Funktion haben, d. h. er kann die persönliche Stellungnahme des Sprechers ausdrücken:

Indikativ:	*Subjonctif:*
Je ne crois pas que c'**est** dangereux.	Je ne crois pas que ce **soit** dangereux.
Der Sprecher ist sich seiner Sache sicher.	*Der Sprecher läßt noch einen Zweifel offen.*

Beachte: Bei bejahender Verbform von *croire* steht immer der Indikativ.

Je crois que c'**est** dangereux.

Der ‹subjonctif› nach Verben der Willensäußerung § 147

Der *subjonctif* steht **automatisch** nach folgenden Verben der **Willensäußerung** (Wunsch, Aufforderung, Einverständnis, etc.):

Jean se plaint de son père:				
Comment **voulez**-vous	que	nous **nous comprenions** à la maison?	vouloir	wollen
Mon père ne **veut** pas	**que**	nous **sortions** le soir.		
Il **demande**	**que**	nous **restions** à la maison.	demander	verlangen
Il ne **permet** pas	**que**	nous **invitions** nos copains.	permettre	erlauben
Il **défend**	**que**	nous **allions** au cinéma.	défendre	verbieten
Moi, je **préférerais**	**qu'**	on **parle** franchement de nos problèmes.	préférer	vorziehen
Je n'**aime** pas	**qu'**	on me **prenne** pour un enfant.	aimer	mögen
J'aimerais mieux	**qu'**	on **s'entende** bien chez nous.	aimer mieux	lieber haben
Il faut absolument	**que**	nous **discutions** ensemble.	il faut	es ist nötig
Il faudrait	**qu'**	on **apprenne** à se respecter.	il faudrait	man müßte
Il vaut mieux	**que**	chacun **dise** ce qu'il pense.	il vaut mieux	es ist besser
Ma mère fait tout pour **empêcher**	**que**	nous **nous disputions.**	empêcher	verhindern

Ebenso: accepter	akzeptieren	attendre	(er-)warten	exiger	verlangen
approuver	gutheißen, billigen	désirer	wünschen	souhaiter	wünschen

Unterscheide:

Dites-lui **qu'**il	**vienne**	ce soir. — (dire + *subjonctif*)	sagen = auffordern
Il dit **qu'**il	**viendra**	ce soir. — (dire + Indikativ)	sagen = erklären

Der ‹subjonctif› nach Verben und Ausdrücken der persönlichen Stellungnahme § 148

Der *subjonctif* steht **automatisch** nach folgenden Verben und Ausdrücken der **persönlichen Stellungnahme** (Bedauern, Verwunderung, Zufriedenheit, Befürchtung, etc.):

L'avis d'une jeune fille:				
Je me plains souvent	**que**	mon père **soit** autoritaire.	se plaindre	sich beklagen
J'ai peur	**qu'**	il ne me **comprenne** pas.	avoir peur	Angst haben
Je suis triste	**qu'**	on en **soit** arrivé là.	être triste	traurig sein
Je suis étonnée	**qu'**	il me **connaisse** si peu.	être étonné	erstaunt sein
Je suis contente	**que**	ma mère **soit** moins autoritaire que lui.	être content	zufrieden/ froh sein
Je suis malheureuse	**qu'**	elle ne **puisse** rien faire pour m'aider.	être (mal-) heureux	(un-)glücklich sein

Ebenso:					
craindre	Angst haben, befürchten	regretter	bedauern	être fâché	sich ärgern
douter	bezweifeln	être désolé	betrübt, untröstlich sein	avoir honte	sich schämen
détester	nicht leiden können, hassen			être surpris	überrascht sein

Der ‹subjonctif› nach unpersönlichen Ausdrücken § 149

Der *subjonctif* folgt **automatisch** nach folgenden **unpersönlichen Ausdrücken:**

L'avis des parents:			es ist ...
Il est naturel	**que**	les enfants **obéissent** à leurs parents.	natürlich
Il est nécessaire	**que**	nous **sachions** ce qu'ils font.	notwendig
Il est rare	**qu'**	ils nous **écoutent** sans nous contredire.	selten
Il est impossible	**qu'**	on les **laisse** faire ce qu'ils veulent.	unmöglich
Il est juste	**qu'**	on ne leur **donne** pas trop d'argent.	richtig
Il est important	**que**	les enfants **aient** confiance en nous.	wichtig
Il est utile	**qu'**	ils le **sachent.**	nützlich
Il est malheureux	**que**	nous **nous disputions** tout le temps.	unglücklich
Il est temps	**que**	nous **discutions** avec nos enfants.	Zeit
Il est mauvais	**qu'**	ils ne **parlent** pas de leurs problèmes avec nous.	schlecht
Il est étonnant	**que**	les pédagogues ne **soient** pas toujours de notre avis.	erstaunlich
Il est curieux	**qu'**	ils **défendent** toujours nos enfants.	seltsam
Il est terrible	**que**	les différentes générations ne **se comprennent** plus.	schrecklich
Il est triste	**que**	les temps **aient** changé.	traurig
Il est / C'est dommage	**qu'**	on ne **puisse** rien y faire.	schade

Ebenso:			
il est amusant	lustig	il convient	es gehört sich
il est bon	gut	il suffit	es genügt
il est exact	es stimmt		
il est excellent	ausgezeichnet		
il est faux	falsch		
il est honteux	beschämend		
il est intéressant	interessant		
il est normal	normal		
c' est mal	schlecht		
c' est bien	gut		

Beachte:

In der gesprochenen Sprache steht statt *il est* + Adjektiv häufig *c'est* + Adjektiv.

Die Zeitenfolge in ‹que-Sätzen› und in der indirekten Rede/Frage (La concordance des temps) § 150

Der Gebrauch der Zeitformen in *que*-Sätzen und in der indirekten Rede/Frage richtet sich grundsätzlich nach dem Verhältnis zur Zeitform des Hauptsatzes.

J'espère	que vous **avez fait**	un beau voyage.	(Vorzeitig: ... gemacht habt ...)
J'espère	que vous **êtes**	tous en bonne santé.	(Gleichzeitig: ... seid ...)
J'espère	que vous **arriverez**	à temps.	(Nachzeitig: ... ankommen werdet ...)

Es ist jedoch zu beachten, daß auf eine Form der Vergangenheit im Hauptsatz eine Form auf *-ais, -ais, -ait* etc. im Gliedsatz folgt.

Im einzelnen gilt folgendes Schema:

1. Hauptsatz: Präsens/Futur

On	**affirme/affirmera** **qu'** / **demande/demandera** **s'**	il	**a neigé** / **neige** / **neigera**	sur les Alpes.

Steht das Verb des Hauptsatzes im Präsens oder im Futur, so stehen im Gliedsatz dieselben Zeitformen wie in der direkten Rede.
On nous affirme: «Il a neigé sur les Alpes.»

2. Hauptsatz: Zeitform der Vergangenheit

On	**a affirmé / affirmait / avait affirmé** **qu'** / **a demandé / demandait / avait demandé** **s'**	il	**avait neigé** / **neigeait** / **neigerait**	sur les Alpes.

Steht das Verb des Hauptsatzes in einer Zeitform der Vergangenheit, so stehen im Gliedsatz nur Zeitformen auf *-ais, -ais, -ait* etc.

Gegenüber der direkten Rede ändern sich die Zeitformen des Gliedsatzes wie folgt:

Direkte Rede			Indirekte Rede
Passé composé	⟶	*Plus-que-parfait*	
Präsens	⟶	*Imparfait*	
Futur	⟶	Konditional	

Beachte:

Das Konditional wird hier als Zeitform verwendet (vgl. § 118). Es bezeichnet eine von der Vergangenheit her gesehene Zukunft *(futur dans le passé).*

‹Que-Satz› und Infinitivsatz

§ 151

Nach einer Reihe von Verben kann statt eines *que*-Satzes auch ein Infinitiv bzw. ein Infinitivsatz stehen (vgl. § 98,2). Das gleiche gilt für eine Reihe von Adjektiven (vgl. § 70).

J'espère	*que*-Satz **que** je revendrai rapidement ma voiture.	Je suis content	*que*-Satz **que** tu aies réussi.
J'espère	Infinitiv **revendre** rapidement ma voiture.	Je suis content	Infinitiv **d'avoir réussi.**

In den meisten Fällen sind *que*-Satz und Infinitivkonstruktion jedoch nicht ohne weiteres austauschbar. Folgendes ist zu beachten:

1. ‹Que-Satz› mit ‹subjonctif›

Mon mari que **je**	n'aime pas **sorte** le soir.
Il que **nous**	préfère **restions** à la maison.
Je qu'**il**	suis contente ne **soit** pas là tous les jours.

Haupt- und Gliedsatz haben **verschiedenes** Subjekt. Es steht ein *que*-Satz.

Mon mari	n'aime pas **sortir** le soir.
Il	préfère **rester** à la maison.
Il	est content **d'être** là tous les jours.

Bei **gleichem** Subjekt muß ein Infinitivsatz stehen.

2. ‹Que-Satz› mit Indikativ

J' que **mon mari**	espère **va** changer d'avis.

Haupt- und Gliedsatz haben **verschiedenes Subjekt.** Es steht ein *que*-Satz.

J' que **je**	espère le **ferai** changer d'avis.
J'	espère le **faire** changer d'avis.

Bei **gleichem** Subjekt kann ein *que*-Satz oder ein Infinitivsatz stehen. Der *que*-Satz ist gebräuchlicher.

‹Que-Satz› und Infinitivsatz nach unpersönlichen Ausdrücken § 152

1.	Il faut	**que**	**vous**	**voyiez** ce film.		Sie müssen sich ... ansehen.
	Il vaut mieux	**que**	**j'**	**écrive** à Pierre.		Es ist besser, wenn ich ... schreibe.
	Il est utile	**que**	**vous**	**fassiez** cela.		Es ist nützlich, daß Sie das tun.
	C'est triste	**que**	**tu**	**partes.**		Es ist traurig, daß du abreist.
2.	Il faut	**voir** ce film.				Man muß sich / Wir müssen uns / Sie müssen sich, etc. diesen Film ansehen.
	Il vaut mieux	**écrire** à Pierre.				Es ist besser, Peter zu schreiben.
	Il est utile	**de faire** cela.				Es ist nützlich, das zu tun.
	C'est triste	**de partir.**				Es ist traurig abzureisen.

Nach einer Reihe von unpersönlichen Ausdrücken steht
1. ein *que*-Satz (meist mit *subjonctif*), wenn das Subjekt des *que*-Satzes genannt wird;
2. ein Infinitiv, wenn das Subjekt aus dem Zusammenhang erschlossen werden kann oder es sich um eine allgemeine Aussage handelt.

‹Que-Satz› und Infinitivsatz nach einigen Nomen § 153

Auch nach einigen Nomen kann ein *que*-Satz oder ein Infinitivsatz stehen (vgl. § 107).

J'	ai envie
que **tu**	**sois** près de moi.
J'	ai eu l'idée
que **tu**	**viennes** chez moi.

Haupt- und Gliedsatz haben **verschiedenes** Subjekt.
Es steht ein *que*-Satz mit *subjonctif*.

J'	ai envie
	d'être près de toi.
J'	ai eu l'idée
	de venir chez toi.

Bei **gleichem** Subjekt muß ein Infinitivsatz mit *de* stehen.

Ebenso:

avoir besoin de / que ...	(es) nötig haben
avoir de la chance de / que ...	(das) Glück haben
avoir peur de / que ...	Angst haben

Die Adverbialsätze (Les circonstancielles) **§ 154**

Adverbialsätze stehen an der Stelle von adverbialen Bestimmungen (vgl. § 143). Sie werden von Konjunktionen eingeleitet. Nach einigen Konjunktionen folgt automatisch der *subjonctif* (vgl. §§ 147 ff.).

1. Konjunktionen mit dem Indikativ		
Quand / Lorsque je suis arrivé à l'arrêt, l'autobus était déjà parti. **Quand / Lorsque** je prends l'autobus, j'arrive presque toujours en retard au bureau.	*quand* *lorsque*	als, (jedesmal), wenn
Au moment où je suis arrivé à l'arrêt, l'autobus partait.	*au moment où*	als, in dem Augenblick, wo
Depuis qu'il est marié, Jean ne sort plus comme avant.	*depuis que*	seitdem
Il doit s'occuper des enfants **pendant que** sa femme travaille.	*pendant que*	während
Mais il nous rejoindra ce soir **dès que / aussitôt que** sa femme sera de retour.	*dès que* *aussitôt que*	sobald
Comme il est tard, dépêchons-nous.	*comme* (geht dem Hauptsatz voran)	da
Nous allons prendre la voiture **parce qu'**il pleut.	*parce que* (steht meist im Nachsatz)	weil
Je vous suis **puisque** vous connaissez le chemin.	*puisque*	da ja
Nous avons roulé l'un derrière l'autre **de telle sorte que / si bien que** nous sommes arrivés en même temps.	*de telle sorte que* *si bien que*	so daß

2. Konjunktionen mit dem *subjonctif*		
Allons nous installer dans un café **jusqu'à ce que** Jean revienne.	*jusqu'à ce que*	bis
Partons **avant qu'**il soit trop tard.	*avant que*	bevor
Je vous explique le chemin **pour que** vous ne vous perdiez pas.	*pour que*	damit
Croyez-vous que nous trouverons une table **sans qu'**il faille attendre?	*sans que*	ohne
Quoique / Bien que ce soit l'heure de l'apéritif, on trouvera toujours une place.	*quoique* *bien que*	obwohl

Adverbialsatz und Infinitivsatz

§ 155

1.	Mon patron n'est pas d'accord	**pour que**	**je**	**prenne**	un jour de congé.
	Je vais en reparler avec lui	**avant qu'**	**il**	**soit**	trop tard.
	Mais je ne peux pas discuter avec lui	**sans qu'**	**il**	**se mette**	en colère.
2.	Je ne suis pas d'accord	**pour renoncer**			à mes projets.
	Je vais en reparler avec mon patron	**avant de prendre**			une décision.
	Mais je ne peux pas discuter avec lui	**sans me mettre**			en colère.

1. **Verschiedenes Subjekt** in Haupt- und Gliedsatz:
   pour que, avant que, sans que + *subjonctif.*
2. **Gleiches Subjekt** in Haupt- und Gliedsatz:
   pour, avant de, sans + Infinitiv.

Die Bedingungssätze (Les circonstancielles de condition)

§ 156

Zu den Adverbialsätzen gehören auch die Bedingungssätze. Bedingungssätze werden meist durch die Konjunktion *si* eingeleitet.

1. Erfüllbare Bedingung			**Wirkliche oder mögliche Folge**		
S'il	**fait**	beau,	on	**fait**	du camping.
S'il	**fait**	beau demain,	je	**viendrai.**	
S'il	**faisait**	beau demain,	on	**pourrait**	aller à la piscine.
	Präsens	⟶		Präsens/Futur	
	Imparfait	⟶		Konditional I	

2. Nicht erfüllbare Bedingung			**Nur gedachte Folge**		
Si j'	**avais**	vingt ans de moins,	je	**partirais**	avec vous.
S'il	**avait fait**	beau hier,	on	**serait allé**	à la piscine.
	Imparfait	⟶		Konditional I	
	Plus-que-parfait	⟶		Konditional II	

Beachte:

1. In den Bedingungssätzen stehen im Hauptsatz dieselben Zeiten wie im Deutschen.
2. In den bedingenden Nebensätzen (nach *si*) wird, abweichend vom Deutschen, nie ein Konditional oder Futur verwendet.

Unterscheide *si* wenn und *si* ob:

S'il venait, je serais content.	**Wenn** er käme ...
Je ne sais pas **s'il viendra.**	... **ob** er kommt.

Kapitel 15: ‹Gérondif› und Partizip I (Gérondif et Participe présent)

Die Formen von ‹gérondif› und Partizip I § 157

Das Partizip I wird aus dem Stamm der 1. Person Plural Präsens und der Endung *-ant* gebildet. Das *gérondif* wird aus der Präposition *en* + Partizip I gebildet (vgl. § 93).

chercher nous **cherch**ons (en) **cherchant**	finir nous **finiss**ons (en) **finissant**	partir nous **part**ons (en) **partant**	perdre nous **perd**ons (en) **perdant**	boire nous **buv**ons (en) **buvant**

Einige Formen müssen gesondert gelernt werden:
étant *(être)*; **ayant** *(avoir)*; **sachant** *(savoir)*.

Gérondif und Partizip I sind **unveränderliche** Verbformen.

Funktion und Gebrauch des ‹gérondif› § 158

Das *gérondif* wird in der gesprochenen und in der geschriebenen Sprache verwendet.
Das *gérondif* steht an der Stelle

- eines **Adverbialsatzes** (vgl. § 154):
  J'ai vu mon ami **en sortant** de la gare (= quand je suis sorti de la gare.)
- eines **Adverbs** oder einer **adverbialen Bestimmung** (vgl. § 64 ff.):
  Il marche **en boitant.** Il est arrivé **en courant.**

Mit Hilfe des *gérondif* kann ein Gliedsatz verkürzt oder ein Hauptsatz einem anderen untergeordnet werden. Das *gérondif* kann vor oder nach dem Hauptsatz stehen.

1.	Jean assiste aux cours. Jean assiste aux cours	**Pendant tout ce temps, il pense** **en pensant**	à autre chose. à autre chose.
		. . . und denkt dabei . . .	

Pendant qu'il fait **En faisant**	ses devoirs, il écoute la radio. ses devoirs, il écoute la radio.
Beim Aufgabenmachen . . . Wenn er seine Aufgaben macht . . .	

Das *gérondif* drückt die **Gleichzeitigkeit** zweier Handlungen aus.

2.	Il obtient de bonnes notes.	Il copie	sur ses voisins.
	Il obtient de bonnes notes	**en copiant**	sur ses voisins.
		. . . indem er abschreibt.	

Il se plaint de ses profs.	
Mais ce n'est pas **comme ça**	qu'il obtiendra de bons résultats.
Mais ce n'est pas **en se plaignant**	de ses profs qu'il obtiendra de bons résultats.
Nicht dadurch, daß er sich . . . beklagt, . . . Nicht durch Klagen . . .	

Das *gérondif* bezeichnet die **Art und Weise** oder das **Mittel.**

3.	Il réussira au bac,	**s'il travaille**	sérieusement.	. . . wenn er ernsthaft
	Il réussira au bac	**en travaillant**	sérieusement	arbeitet.
	S'il lisait	plus, il serait bon en français.		Wenn er mehr läse . . .
	En lisant	plus, il serait bon en français.		

Das *gérondif* bezeichnet eine **Bedingung.**

4. Quand	**je**	suis sorti du cinéma,	→	**En sortant** du cinéma,
	j'	ai vu un accident.		j'ai vu un accident.
Quand	**je**	suis sorti du cinéma,		________________
un accident		a eu lieu.		

Ein Gliedsatz kann nur dann durch ein *gérondif* ersetzt werden, wenn er das gleiche Subjekt wie der Hauptsatz hat.

5. **En travaillant** sérieusement,

Jean **a obtenu** de bonnes notes.	Jean **réussirait** au bac.	Jean **aurait réussi** au bac.
dadurch, daß er gearbeitet hat . . .	wenn er arbeiten würde . . .	wenn er gearbeitet hätte . . .

Das *gérondif* ist zeitlich neutral. Es kann sich auf Verben in allen Zeitformen beziehen.

Die Pronomen beim ‹gérondif› § 159

1.	— Tu		as expliqué les problèmes à Nicole?
	— Oui, mais **en**	**les lui**	**expliquant,** je me suis mis en colère.
	— Tu		es allé à la réunion?
	— Bien sûr, mais **en**	**y**	**allant,** j'ai rencontré Pierre.

Die Objektpronomen und Pronominaladverbien stehen beim *gérondif* zwischen *en* und der Verbform auf *-ant.*

2.		En	**nous**	promenant, **nous** avons rencontré Pierre.
On	a bu une bière	en	**se**	racontant les dernières nouvelles.
Il	nous a quittés tôt	en	**s'**	excusant.

Beim *gérondif* der reflexiven Verben steht das Reflexivpronomen, das dem Subjekt des konjugierten Verbs entspricht.

Funktion und Gebrauch des Partizip I § 160

Das Partizip I wird im Unterschied zum *gérondif* nur in der **geschriebenen** Sprache verwendet.
Das Partizip I ist wie das *gérondif* zeitlich neutral.

1. Des jeunes	**qui venaient**	de tous les coins de France	**participaient** à cette réunion.
Des jeunes	**venant**		
Les jeunes	**qui ont**	plus de 18 ans	**sont logés** en chambres individuelles.
Les jeunes	**ayant**		

Das Partizip I steht an der Stelle eines **Relativsatzes.**

2. **Comme** ils voulaient	faire du camping en Bretagne,	ils se sont acheté des cartes.
Voulant		
Ils les ont étudiées	**parce qu'**ils ne **connaissaient** pas	la région.
Ils les ont étudiées,	**ne connaissant pas**	

Das Partizip I steht an der Stelle eines einleitenden **Kausalsatzes** mit *comme* und eines dem Hauptsatz folgenden Kausalsatzes mit *parce que.*

Partizip I und Verbaladjektiv
(Le participe présent et l'adjectif verbal)

§ 161

Von einigen Verben ist ein Adjektiv auf *-ant* (Verbaladjektiv) abgeleitet, das die gleiche Form wie das Partizip I hat.

	Partizip I		Adjektiv
une histoire	**amusant**	**les enfants**	une histoire amusante — Vous trouvez cette histoire amusante? — Oui, elle est très amusante.
des livres	**intéressant**	**les jeunes**	des livres intéressants — Vous trouvez ces livres intéressants? — Oui, ils sont très intéressants.

Das Partizip I ist **unveränderlich.**
Es hat eine **Ergänzung** (Objekt oder adverbiale Bestimmung) bei sich.

Das Adjektiv ist **veränderlich.**
Es hat **keine** Ergänzung (Objekt oder adverbiale Bestimmung) bei sich.

Anhang: Die Verwendung der großen Anfangsbuchstaben
(L'emploi des majuscules)

Folgende Fälle der Verwendung von großen Anfangsbuchstaben sind besonders zu beachten:

1. les **F**rançais, un **A**llemand, des **A**nglais Notre professeur est **F**rançais. **Aber:** la langue **f**rançaise; parler bien (le) **f**rançais	Groß geschrieben werden: — Völkernamen, wenn sie Nomen sind;
2. Il viendra à **P**âques / à **N**oël / à la **T**oussaint. Allerheiligen	— die kirchlichen Feste;
3. l'**E**tat, l'**E**glise protestante, l'**A**cadémie française, l'**A**ssemblée nationale, le Président de la **R**épublique	— kirchliche und öffentliche Einrichtungen;
4. Monsieur, J'ai l'honneur de ... (Briefanfang) Veuillez agréer, **M**onsieur, l'expression de mes sentiments distingués. (Briefschluß) Monsieur le **P**réfet, Monsieur le **M**aire (vgl. § 20,2); **Aber:** un **m**onsieur âgé	— eine Reihe von Titeln in der höflichen Anrede;
5. l'Amérique du **N**ord, le **M**idi, le pôle **S**ud; **Aber:** le vent du **n**ord	— die Himmelsrichtungen, wenn sie ein Gebiet bezeichnen.

Wort- und Sachregister

> Die Zahlen verweisen auf die Paragraphen.
> Abkürzungen: B = Beachte
> U = Unterscheide

Erklärung der grammatischen Bezeichnungen

Die folgende Tabelle will eine Hilfestellung geben.
In der linken Spalte stehen die in dieser Grammatik verwendeten Bezeichnungen.
Die mittlere Spalte enthält deutsche und lateinische Begriffe, die zwar nicht in dieser Grammatik verwendet werden, jedoch im französischen Grammatikunterricht in Deutschland verbreitet sind.
In der rechten Spalte werden die französischen Entsprechungen sowie französische Beispiele aufgeführt.

	Verwendete Bezeichnungen	Entsprechungen	Französische Bezeichnungen und Beispiele
A	**Absolute Fragestellung**		l'interrogation complexe; *Les enfants ont-ils mangé?*
	Adjektiv	Eigenschaftswort	l'adjectif; *une jolie fille; un livre intéressant; cette fille est jolie.*
	Adverb	Umstandswort	l'adverbe; *travailler beaucoup; dormir profondément*
	Adverbiale Bestimmung	Umstandsbestimmung	le complément circonstanciel; *Il attend l'autobus au coin de la rue.*
	Adverbialsatz	Umstandssatz	la (proposition subordonnée) circonstancielle; *Quand son père est mort, il avait cinq ans.*

Verwendete Bezeichnungen	Entsprechungen	Französische Bezeichnungen und Beispiele
Aktiv	Tatform	l'actif/la voix active/la phrase active; *Le juge interroge l'accusé.*
Artikel	Geschlechtswort	l'article
— bestimmter ~		~ défini; *le livre; l'hôtel; la table; les livres*
— unbestimmter ~		~ indéfini; *un livre; une table; des livres*
Aspekt		l'aspect du verbe
Aufforderungssatz		la phrase impérative; *Rentre de bonne heure!*
Ausrufesatz		la phrase exclamative; *Comme tu rentres de bonne heure!*
Aussagesatz		la phrase déclarative; *Je rentre de bonne heure.*
Bedingungssatz	Konditionalsatz	la (proposition subordonnée) circonstancielle de condition; *S'il fait beau, on fait du camping.*
Begleiter	Determinante	le déterminant; *le / ce / mon / quel / quelques / deux livre(s)*
Bindung		la liaison (des mots); *des‿hommes*
Bruchzahlen		les fractions; $\frac{9}{10}$ = *neuf dixièmes*
Demonstrativbegleiter	adjektivisches Demonstrativpronomen; hinweisendes Fürwort	le déterminant démonstratif/ l'adjectif démonstratif; *ce livre; cet hôtel; cette femme; ces adresses*
Demonstrativpronomen	hinweisendes Fürwort (substantivisch gebraucht)	le pronom démonstratif; *celui / celle / ceux / celles-ci, -là; cela; ça; ce*
Femininum	weibliches Geschlecht	le genre féminin; *une femme*
Fragesatz		la phrase interrogative; *(Est-ce que) tu rentres de bonne heure?*
Futur composé	= grammatische Zeitformen der Zukunft	*Je vais marcher.*
Futur I / Futur simple		*Je marcherai.*
Futur II		le futur antérieur; *A dix heures, j'aurai terminé mes devoirs.*
Gérondif	Gerundium	*en marchant*
Gesamtfrage	Satzfrage / Entscheidungsfrage	l'interrogation totale; *— Tu veux me rendre un service? — Oui, (je veux bien).*
Geschlecht	Genus	le genre; *un homme; une femme*
Gliedsatz	Nebensatz	la (proposition) subordonnée; *J'espère que tu seras de retour ce soir.*
Grammatische Zeitform	Tempus	les temps du verbe

	Verwendete Bezeichnungen	**Entsprechungen**	**Französische Bezeichnungen und Beispiele**
	Grundzahlen	Kardinalzahlen	les (adjectifs) numéraux cardinaux; *un livre; deux/trois/quatre . . . livres*
H	**Hauptsatz**		la (proposition) principale; *J'espère que tu seras de retour ce soir.*
	Hervorhebung		la mise en relief; *Moi, je ne suis pas pressé. C'est moi qui l'ai vu.*
I	**Imparfait**	= grammatische Zeitform der Vergangenheit	*Je marchais.*
	Imperativ	Befehlsform	l'impératif; *Parle!; Finissons!; Répondez!*
	Indefiniter Begleiter	unbestimmtes Fürwort (adjektivisch gebraucht)	le déterminant indéfini/l'adjectif indéfini; *tout le courrier; certaines personnes*
	Indefinites Pronomen	unbestimmtes Fürwort (substantivisch gebraucht)	le pronom indéfini; *Quelqu'un a téléphoné. Tous sont venus.*
	Infinitiv	Grundform/Nennform	l'infinitif; *parler; chanter; avoir*
	Infinitivsatz		la proposition subordonnée infinitive/l'infinitive; *J'aime partir en voyage.*
	Interrogativbegleiter	adjektivisches Interrogativpronomen; Fragefürwort	le déterminant interrogatif/l'adjectif interrogatif; *quel livre?; quelle valise?; quels livres?; quelles valises?*
	Interrogativpronomen	Fragefürwort (substantivisch gebraucht)	le pronom interrogatif; *Qui?; Que?; Lequel?*
	Intonationsfrage		l'interrogation par intonation; *Vous avez une question?*
	Inversionsfrage		l'interrogation par inversion du sujet; *Avez-vous une question?*
K	**Komparativ**	1. Steigerungsform	le comparatif; *Pierre est plus grand que son frère.*
	Konditional	Bedingungsform	le conditionnel; *J'aimerais marcher.*
	Konjugation	Beugung des Zeitwortes	la conjugaison; *je finis; tu finis; etc.*
	Konjunktion	Bindewort	la conjonction; *Jean et Paul; Il m'a dit qu'il viendrait.*
	Konsonant	Mitlaut	la consonne; *b; c; d; f; g; etc.*
M	**Maskulinum**	männliches Geschlecht	le genre masculin; *un homme*
	Modus		le mode
N	**Nachstellung des Subjekts**	Inversion	l'inversion du sujet; *Qui cherches-tu?*
	Nomen	Substantiv; Hauptwort	le nom/le substantif; *l'homme; la vie; la beauté*
O	**Objekt**	Satzergänzung	le complément d'objet
	— direktes ~	~ ohne Präposition	~ direct; *Jean aime son frère.*
	— indirektes ~	~ mit Präposition	~ indirect; *Paul pense à son frère.*

Verwendete Bezeichnungen	Entsprechungen	Französische Bezeichnungen und Beispiele
Objektpronomen	= Fürwort, das eine Satzergänzung vertritt	le pronom (personnel) objet; *Je les vois. Il lui parle.*
Objektsatz	= Gliedsatz in der Rolle einer Satzergänzung	la complétive objet/la proposition objet; *J'attends que tu partes.*
Ordnungszahlen	Ordinalzahlen	les (adjectifs) numéraux ordinaux; *le / la premier, -ière, le / la deuxième, etc.*
P **Partitiv**	Teilungsartikel	l'article partitif; *de l'argent; du tabac; de la musique*
Partizip I	Partizip Präsens; Mittelwort der Gegenwart	le participe présent; *marchant*
Partizip II	Partizip Perfekt; Mittelwort der Vergangenheit	le participe passé; *J'ai marché.*
Passé antérieur	= grammatische Zeitformen der Vergangenheit	*Dès que j'eus protesté, il se tut.*
Passé composé		*J'ai marché.*
Passé simple		*Tout à coup, il me quitta.*
Passiv	Leideform	le passif/la voix passive/la phrase passive; *L'accusé est interrogé par le juge.*
Personalform	konjugiertes Verb bzw. konjugierter Teil des Verbs (Hilfsverb) in den zusammengesetzten Zeitformen	les formes personnelles du verbe bzw. le verbe auxiliaire; *Je dis; J'ai dit; Je vais dire.*
Personalpronomen	persönliches Fürwort	le pronom personnel
— unverbundenes ~	— freies ~/betontes ~	~ disjoint/~ tonique; *Qui est venu? — Moi.*
— verbundenes ~	— gebundenes ~ /unbetontes ~	~ conjoint/~ atone; *Tu es triste. Tu me comprends.*
Plural	Mehrzahl	le pluriel; *les professeurs; les élèves*
Plus-que-parfait	Plusquamperfekt; Vorvergangenheit	*Il avait plu toute la nuit.*
Possessivbegleiter	adjektivisches Possessivpronomen; besitzanzeigendes Fürwort	le déterminant possessif/l'adjectif possessif; *mon / ton livre; ma / ta sœur; nos amies*
Possessivpronomen	besitzanzeigendes Fürwort (substantivisch gebraucht)	le pronom possessif; *le mien / la mienne; le tien / la tienne; les nôtres*
Präposition	Verhältniswort	la préposition; *devant la porte; sur la table*
Präpositionales Objekt (im Passivsatz)		le complément d'agent; *L'accusé est interrogé par le juge.*
Präsens	Gegenwart	le présent; *Il marche.*
Pronomen	Fürwort	le pronom; *Je te le donne. Tout est possible.*
Pronominaladverb		l'adverbe pronominal; *J'en parle. J'y vais.*

	Verwendete Bezeichnungen	Entsprechungen	Französische Bezeichnungen und Beispiele
R	**Reflexives Verb**	rückbezügliches Verb	le verbe pronominal; *Je me regarde dans la glace.*
	Reflexivpronomen	rückbezügliches Fürwort	le pronom réfléchi; *Je m'ennuie.*
	Relativpronomen	bezügliches Fürwort	le pronom relatif; *les gens qui arrivent; la lettre dont on parle*
	Relativsatz		la (proposition subordonnée) relative; *Le sac que tu as acheté est très joli.*
S	**Satzarten**		les types de phrases
	Satzformen		les formes de phrases
	Satzgefüge		la phrase complexe; *Comme j'ai du travail, je ne sors pas.*
	Satzglied		le syntagme
	— nominales ~		~ nominal; *des (petits) enfants*
	— verbales ~		~ verbal; *J'attends l'autobus.*
	— präpositionales ~		~ prépositionnel; *au bord de la mer*
	Singular	Einzahl	le singulier; *un professeur; une élève*
	Subjekt	Satzgegenstand	le sujet; *Mon amie aime danser.*
	Subjektsatz	= Gliedsatz in der Rolle des Satzgegenstandes	la complétive sujet/la proposition sujet; *Il est important que vous me fassiez confiance.*
	Subjonctif	Konjunktiv	*Je veux que tu viennes.*
	Superlativ	2. Steigerungsform	le superlatif; *C'est la tour la plus haute de Paris.*
T	**Teilfrage**	Wortfrage/Ergänzungsfrage	l'interrogation partielle; *Qu'est-ce que tu prends, du thé ou du café? — Du thé.*
U	**Umschreibungsfrage**	*Est-ce que*-Frage	l'interrogation périphrastique; *Est-ce que vous avez une question?*
V	**Verb**	Zeitwort	le verbe; *parler; écrire; dormir*
	— intransitives ~		~ intransitif; *voyager*
	— transitives ~		~ transitif; *aimer qn; parler à qn*
	Verbaladjektiv		l'adjectif verbal; *une histoire amusante*
	Vokal	Selbstlaut	la voyelle; *a; e; i; o; u*
W	**Wertigkeit**	Valenz	la valence
Z	**Zahl**	Numerus	le nombre; *une fille; des filles*
	Zahlwörter		les (adjectifs) numéraux; *deux; premier; une douzaine*